ISBN: 1535384085
ISBN-13: 978-1535384087

Veröffentlichung und Verarbeitung:
CreateSpace, a DBA of On-Demand Publishing, LLC

Printed in Germany by Amazon Distribution GmbH, Leipzig

Am
Rande

Tobias Dirtl

INHALT

VORWORT

Ausgrenzung findet statt. Man mag vielleicht glauben, das sei ein Wunder der Pubertät, doch damit ist man von der Realität weit entfernt. Alle Schichten sind davon betroffen, besonders die verletzlichen Seelen unserer Gesellschaft. Sie sind so etwas wie ein gefundenes Fressen für selbst so arme Seelen, die daraus Kapital schlagen, indem sie ausnutzen, verspotten und einem ganz einfach gesagt das Leben zur Hölle machen. Es muss in der Natur des Menschen liegen, Machtpositionen auszunutzen, und das meistens schamlos. Wie sonst könnten ach so „schillernde" Persönlichkeiten ihren Status halten? Unsere „Freunde und Helfer" aus der Politik sind da ein ganz gutes Beispiel. Korruption und Ausbeutung der Gesellschaft isst man hier anscheinend mit dem Löffel zum Frühstück, weil es ja praktisch keinen mehr kümmert, es ist nichts Außergewöhnliches mehr, zu missbrauchen, wobei ich mit diesem Beispiel bei der psychischen Variante wäre.

In Schulen und anderen öffentlichen Einrichtungen ist es Gang und Gäbe, Untergeordneten, Schwächeren und introvertierten Persönlichkeiten zu zeigen, „wer denn die Hosen an-hat", entweder in Form von simpler Ausgrenzung, bis zu mentalem Mobbing und im schlimmsten Falle sogar mit einer schönen Tracht Prügel, und ich denke mir, wenn jeder Einzelne von Ihnen an seine Schulzeit zurückdenkt, finden sich genug Geschichten, die genau in dieses Schema passen. Ja genau, dieser eine Typ, der immer behauptet hat, er sei gegen die Tür gerannt, die Stiegen runter gefallen und so weiter. Versetzen Sie sich mal in die Lage eines solchen Menschen, wenn sie nicht schon selbst ein Opfer sind/waren. Würden Sie all Ihren Mut zusammen packen, und auspacken? Darüber reden, wie schlecht es Ihnen geht? Dann gehören Sie zu den sehr wenigen, die diesen

Mut besitzen. Unter denen, die sich nicht aus Ihrer Haut trauen, gibt es dann auch noch die, die gar nicht die Möglichkeit haben, zu reden, zu bewältigen und irgendwann einmal zu vergessen. Was dann? Wie geht es dann weiter?

Genau hier entstehen Komplexe aller Art, oft auch mit Drogenkonsum verbunden. Ist doch toll, wenn man sich seine eigene Welt schaffen kann, in der man einmal, ein einziges Mal man selbst sein kann, in der alles bunt und toll ist. Das ist es jedoch auf keinen Fall!

Ich bin keineswegs ein neuer Messias oder so etwas in der Art, auch kein Weltverbesserer. Ich habe dieses Buch geschrieben, um den einen oder anderen unter Ihnen zum Nachdenken zu bringen, wie er seine Mitmenschen behandelt, denn solche Geschichten passieren, gar nicht so selten wie man vielleicht im ersten Moment glaubt.

Meiner Meinung nach ist der einzige Weg, Ausgrenzung endgültig die Stirn zu bieten, Akzeptanz und ein wenig mehr Toleranz, ob dies irgendwann möglich ist, das ist eine ganz andere Frage. Es bleibt zu hoffen.

1
GEFANGEN IN DER EIGENEN HAUT

Ein junger Bursche, braunes Haar, blaue Augen, er gehörte keineswegs zu der Sorte Mensch, die man als unschön bezeichnen würde, von mittlerer Größe und durchschnittlicher Statur. Im Prinzip ein Durchschnittstyp, ein Schatten, der nie auffällt, der nie sein wahres Gesicht zeigen kann, oder es einfach will.

Sein Name war Damian. Er hatte keine Freunde, war introvertiert und sehr verschlossen, von außen ein unbeschriftetes Blatt. Seine Klassenkameraden wollten nie etwas mit ihm zu tun haben, „des schlechten Rufs wegen“, denn wie steht man schon dar, wenn man sich mit dem „Uncoolen“ abgibt? Mit dem, der in der letzten Bankreihe alleine sitzt und keinen Laut von sich gibt?

Man würde ihn ganz einfach und direkt als Außenseiter bezeichnen. Er war dauernd auf der Suche nach Anerkennung, nach Zuwendung. Er fühlt sich alleine, verlassen, denn er spricht nicht über seine Probleme und Sorgen, er hatte auch Niemanden, der sich für seine Sorgen zuständig fühlte und ihm vielleicht durch das Leben helfen konnte.

Damian wohnte bei seiner Mutter. Sie hatte nie Zeit für Ihn, vielleicht wollte Sie auch einfach Ihre Zeit nicht mit der Frucht Ihres Leibes verbringen. Man könnte sagen, sie war eine, von Grund auf, verzweifelte Frau, ging schon auf die 60er zu, wurde von keinem Mann dieser Welt jemals aufrichtig geliebt. Damians Mutter war genau die Sorte Mensch, die nicht wieder aufstehen, wenn sie fallen. Sie bleiben liegen, wie ein Marienkäfer, der auf dem Rücken liegt und betrauern sich selbst. Aber solche Eigenschaften betreffen nicht nur den Menschen, der in Selbstmitleid und Kummer ertrinkt, sondern auch die Menschen in unmittelbarer Umgebung, vor allem die eigenen Kinder, denn Kinder sollten Eltern im Normalfall als Vorbild sehen, sie sollten einen Zugang haben, eine Anlaufstelle, wenn sie Probleme oder Sorgen haben. Doch wenn genau so ein Zugang nicht vorhanden ist, führt das zu noch mehr Problemen, die irgendwann nicht mehr verarbeitet werden können. Was soll aus Kindern werden, die genau solche Mütter vor Ihrer Nase haben?

„Ein Kind, das ständig kritisiert wird, lernt zu verdammen." Ein sehr passendes Zitat von Dorothy Law Nolte. Im Fall von Damian äußerte sich die besagte Kritik in Form der Ablehnung der Anderen, denn auch diese kann ein sehr starkes Mittel sein, um Kritik auszuüben.

Seinen Vater durfte er nie kennen lernen, um „Schlimmeres zu verhindern", wie seine Mutter immer sagte, wenn der Junge nach dessen Existenz fragte. Brennend hätte es ihn oft interessiert, wer denn sein Schöpfer ist. Er wusste nicht wie er hieß, ob er lebte, geschweigedenn was für ein Leben er führte.

Er war sozusagen ein Phantom der modernen Gesellschaft, wie man es sich wünscht, wenn man sich in einer Machtposition befindet, er lebte sein Leben, kritisierte nicht, wollte nie etwas ändern, auch wenn Andere Profit aus seinem Leiden zogen, ihn ausnutzten oder sogar für etwas missbrauchten, er ließ einfach alles mit sich machen, in der Hoffnung, irgendwann einmal akzeptiert zu werden, indem er nicht gegen den Mund Anderer redete.

Damian wurde in der Schule ebenso geschlagen, mit dem Kopf ins WC getaucht und Ähnliches, was in die Kategorie physisches Mobbing fällt. Dies geschah gerade dann, wenn es dann mal „hart auf hart" kam und jemand sein Geld für die Jause vergessen hatte, oder seine Peiniger einfach einen schlechten Tag hatten, ihnen langweilig war oder sie Fleischeslust, jedoch im asexuellen Sinne, verspürten und diese tatkräftig zur Schau stellen wollten. Ersteres stellt eine durchaus gute Kapitalquelle dar, wie sich einige Bullies dachten, ohne großen Aufwand und auf Kosten anderer ein bisschen Geld dazu zu verdienen, das hätten wir als Kapitalisten doch alle gern, nicht wahr?

Eines „normalen" Schultages saß Damian, wie gewohnt, in der letzten Ecke der Klasse und starrte auf den Bildschirm seines Telefons. Die nächste Mathematik-Stunde war ihm ein Graus, elektronische Unterhaltung hilft da ganz gut, denn wie unterhält man sich heutzutage denn sonst?

Meine Güte, ich hab die Hausübung vergessen, schon wieder. Aber wen juckt das schon.

Er blickte in die Klasse.

Diesem Raum könnte man auch mal wieder einen neuen Anstrich verpassen. Sieht scheußlich aus. Da seh' sich doch einer mal diese Löcher in der Wand an. Ich könnte meinen Kaugummi rein kleben...ach vergiss es, bringt doch auch nichts.

Er war wieder einmal alleine, wie immer.

Doch dann, aus heiterem Himmel, kamen ihm vier Burschen aus seiner Klasse entgegen.

Bitte...Bitte nicht. Sie sollen mich in Ruhe lassen,

wahrscheinlich wollen die wieder nur mein Pausengeld.

Sie sprachen ihn an. Ganz und gar nicht auf streitsuchender Basis.

„Du heißt Damian, nicht wahr?“, sagte einer der Jungs.

„Ja...ähm, ja so heiß ich.“, erwiderte Damian mit höchster Unsicherheit und ein wenig weichen Knien.

„Warum sitzt du immer alleine? Siehst ja gar nicht so scheiße aus, stinken tust auch nicht, ich check dich nicht so ganz.“

„Tja...das...das ist eigentlich eine sehr gute Frage. Frag' doch die anderen.“

„Naja, bist wohl ein Verschlossener. Egal. Kommst' nach der Schule mit uns mit, ein bisschen abhängen?“

„Ähm...puh...ja...sollte gehen.“

„Yo, dann sehn' wir uns.“

„Bis nachher.“

Die anderen Burschen in der Schule haben also tatsächlich mit ihm gesprochen. Sie wollten allen Ernstes schlauer aus ihm werden. Für Damian war das, wie man so schön sagt, wie Weihnachten und Ostern an einem Tag, mit einem Berg voller schön verpackten Geschenke.

Dennoch war er sehr verwundert, erstaunt, aber auch ein wenig misstrauisch, denn warum sollten ihn die anderen Jungs aus der Schule einfach so ansprechen? Es ist ja nicht so, als hätte er gerade deren Katze vom Baum herunter geholt, er hat auch keine besonders coolen Meldungen geschoben, war nicht frech zu Lehrern. Er konnte keine plausible Erklärung für dieses „Phänomen“ finden.

Doch er machte sich, wie sonst auch immer, keine Gedanken mehr darüber, im Gegenteil, dem introvertierten Mitläufer, der er nun einmal war, kam das ausgesprochen gelegen, denn so würde er vielleicht doch mal die Gelegenheit finden, aus seiner Haut heraus zu kommen.

Es ist jetzt schon 12:58. Mein Gott, kann diese psychische Tortur kein Ende finden, verdammte Scheiße. Ich schau auf die Uhr und hab' so das Gefühl, die sollten mal einen neuen Uhrmacher engagieren, der letzte dürfte mit dem Minutenzeiger echt was verbockt haben.

Als um Punkt 13:10 die Uhr dann doch endlich einen Strich weiter sprang und gleichzeitig die wahnsinnig schrille und vor allem laute Glocke zur Entlassung rief, sprangen alle Schüler auf, als wären sie gerade von einer Biene in den Hintern gestochen worden.

Okay. Die Jungs wollen sich mit mir nach der Schule treffen. Das kann nur zwei Dinge zur Folge haben: Entweder sie prügeln die Scheiße aus mir 'raus, dass ich gar vergess' wie ich heiß', oder sie haben gar menschliche, und vorallem menschenwürdige Dinge vor. Ich denk' die warten vor der Schule. Naja ich lass mich überraschen, was hab' ich denn zu verlieren?

Er erblickte die Gang in dem Moment, als er durch die Pforten des Schulgebäudes trat. Mit sehr kleinen und langsam gesetzten Schritten näherte er sich ihnen.

„Hey, da ist ja Damian!“, sagte einer der Burschen laut.

„Hallo“, stieß Damian schüchtern aus.

„Hast' jetzt Zeit?“

„Ja, klar, wieso denn auch nicht. Aber...aber, ihr wollt mir jetzt nicht etwa den...den Schädel einschlagen, oder?"

Ein Junge machte einen gewaltig großen und energischen Schritt in Damians Richtung. Er packte ihn am Kragen, hob ihn auf, und drückte ihn mit Wucht gegen die nächste Wand.

„Was glaubst du, was wir jetzt mit dir anstellen, Hosenscheißer?!"

Damian winselte, ihm war die Angst förmlich ins Gesicht geschrieben.

Ich hätte es wissen müssen, sie sind jung und brauchen das Geld, mein Geld. Wie komm ich da jetzt wieder raus? Vier Leute gegen einen Typen mit Spaghetthiärmchen. Ich bin froh, wenn ich danach noch gehen kann. Oh, lieber Gott, wir hatten eine große Beziehungskrise, das weiß ich, doch wenn es dich wirklich gibt und du auf mich herab schaust, dann mach es kurz und schmerzlos.

Plötzlich fing der Junge zu lachen an, lauthals. Nach und nach fingen auch die Anderen zu kichern an.

„Alter, alter, alter, du hättest echt geglaubt, ich brat' dir gleich eins über, oder?" Ihm schossen vor Lachen die Tränen aus den Augen. „Nein, du kommst mal schon mit uns mit, wir zeigen dir ein paar schöne Plätzchen, aber piss' dir bis dahin nicht ins Höschen"

Amen, Bruder.

Bestandsaufnahme? Test? Was zum Teufel sollte das gewesen sein? Damian versuchte, seine butterweichen

Knie mittels eines coolen Gangs zu überspielen, denn er hatte jetzt Menschen um sich, echte Menschen, aus Fleisch und Blut, und das nicht, während er ein paar feste Schläge in den Bauch abbekommt. Die Gedanken schossen ihm durch den Kopf, dennoch war er nicht in der Lage, einen klaren davon zu fassen, er wusste nicht was er fühlen sollte. Erst hatte er Angst, dass ihm der Schweiß auf der Stirn stand, jetzt war er fast schon ein Teil einer Gang, so hoffte er zumindest.

Ihm gelang es nach einiger Zeit sich auf das Positive und auf das Gute zu konzentrieren, auf seine neuen, vielleicht, Freunde.

2
PART OF THE GAME

Sie spazierten, sie gingen, in der Gruppe.

Nach einer Weile kamen Sie an einer Autobahnbrücke an.

Oh, nein. Sag' jetzt bitte nicht, ich soll da runter springen. Ich mach' jetzt sicher keine Mutprobe, oh, nein, sag', dass das nicht wahr ist.

„Warst du hier schon einmal?"

„Nein, was sollte ich hier, hier ist ja nichts!"

„Oh doch, mein Großer. Komm' mit, ich zeig's dir, hier kannst du super chillen!"

Die Burschen kletterten mit viel Geschick auf den Pfeiler, der die Autobahnbrücke instand hielt. Dann fanden sie unter der Brücke Platz, um sich zu setzen. Damian setzte sich zu Ihnen.

So saßen sie also unter eine Autobahnbrücke, gebaut aus Metall, wie Obdachlose. Es hat den Anschein, als würde das auch, zumindest ein klein wenig, „Coolness" wiederspiegeln, wenn man unter Brücken seine wertvolle Freizeit verbringt und vielleicht auch noch irgendwas illegales macht, wenn man doch mal Lust hat, dem Klischee voll und ganz zu entsprechen.

Alle paar Sekunden fuhr ein Auto über ihren Köpfen der Straße entlang, welches sich durch ein Vibrieren der gesamten Brücke bemerkbar machte.

„Und die kann auch nicht einstürzen?“, fragte Damian voller Unsicherheit, denn er hatte noch die das Vergnügen, an solch einem Ort zu sitzen, wo einem fast der Arsch abfriert.

„Sag ich doch, Hosenscheißer. Alter, du bist mit uns unterwegs, warum sollten wir dich hier her latschen lassen, damit wir alle erdrückt werden? Und ganz nebenbei, hast du schon mal gehört, dass einfach so, aus heiterem Himmel, eine Autobahnbrücke eingestürzt ist, nur weil sich ein paar so Knirpse wie du hier breit machen?“

„Nein…nein, ich könnte mich nicht daran erinnern, Entschuldigung.“

Darauf folgten ein paar Minuten Totenstille. Keiner der Buben erhob seine Stimme, einzig das Rauschen und das Vibrieren der Brücke konnten die Ohren und ebenso der Körper wahrnehmen.
„Hey, das wollte ich nicht so hart formulieren, ich mag nur keine Angsthasen und Muttersöhnchen, die gehen‘ mir gehörig auf die Eier.“

„Okay.“

„Weißt du, manchmal wenn mir so ein kleiner Scheißer entgegen kommt, der sich fast nass macht, wenn ihn ein Blatt im Wind streift, dann will ich ihn einfach bei den Eiern aufhängen. Nur die starken überleben, das sagte schon Charles Damian mit seiner Evolutionstheorie oder wie die hieß.“

„Du ungebildeter Idiot, der heißt Charles Darwin, Darwin hörst du?“, sagte einer der anderen Jungs verärgert.

„Ja, du Klugscheißer, ist ja jetzt auch egal. Was ich

damit sagen will Damian, wenn du mal was mit deinem Leben anfangen willst, und dir nicht nur alleine zuhause sitzen und dir die Stange halten willst, um dann unberührt zu sterben, dann hör auf mit deinen Angstzuständen, klar?"

„Klar."

„Ich meine, weißt du überhaupt, wie ich heiße? Gefragt hast ja auch noch nicht."

„Oh…ich weiß es grad nicht mehr, sorry. Wie heißt du denn?"

„Tom."

„Ach ja, genau, jetzt, da du es sagst, fällt's mir wieder ein."

„Ist ja jetzt auch egal. Ich will jetzt mal meinen Frust rauslassen. Scheiß Schule, scheiß Lehrer, scheiße, scheiße, scheiße!", rief er während er wie ein Verrückter gegen die Brückenpfeiler boxte.

Er war irgendwie frustriert, dadurch auch aggressiv, das merkte man ihm an.

Wenn man Tom sah, merkte man das sofort. Er sah sehr alt aus, anders als seine Schulkollegen. Seine Augen waren mit Augenringen umrandet. Seine Mimik ließ nur in den seltensten Momenten etwas freundliches Erkennen. Sein braunes, lockiges Haar, welches nach hinten gekämmt war, unterstrich das Gesamtbild noch. Er gehörte nicht zu den schönsten Fischen im Meer, mit Sicherheit. Sein Auftreten war sehr temperamentvoll, er nahm kein Blatt vor den Mund und brachte es sofort zu Ausdruck, wenn ihn etwas störte, was sehr häufig der Fall war. Ihm ging alles, wie man so schön sagt, auf den Arsch, und alles andere ging ihm daran vorbei. Vereinfacht gesagt, die Pubertät zeigte sich in diesem Fall von ihrer Schokoladenseite.

Damian erkannte das, doch das war nicht die Kunst daran. Er war der einzige Mensch seit sehr, sehr langer Zeit, der ein offenes Ohr für ihn hatte, denn er hatte den Vorteil, ihn in gewisser Weise zu verstehen. Er redete mit ihm, während sich die anderen Jungs im Hintergrund hielten und nur gelegentlich zu Wort kamen. Er half ihm, den ganzen Scheiß in seinem Kopf und seinen Frust, seine Sorgen und Probleme zu vergessen, nicht für immer, doch wenigstens für diesen einen Moment.

Damian war sehr froh, auch erleichtert. Er fühlte sich zum ersten Mal in seinem Leben verstanden, von einem Menschen aus Fleisch und Blut. Er fühlte sich geborgen. Die Unterseite einer Brücke ist zwar ein eher unpassender Ort für ein Heimatsgefühl, aber das bezog sich dann doch auf den Menschen, auf Tom. Damian hatte in diesem Moment das Gefühl, einen Freund gefunden zu haben.

Nach einigen Stunden voller Gesprächen und Gedankenaustausch packte einer der verstummten Knaben aus seinem dreckigen, mit Löchern übersäten Rucksack ein paar Dosen Bier. Er teilte sie an alle anderen aus.

Das muss hier so üblich sein, unter der Brücke saufen. Ich hoffe, er bietet mir keins an. Was soll ich denn sagen? Ich hab noch nie irgendwas mit Alkohol getrunken, ich will das eigentlich nicht, aber was hab‘ ich denn für eine Wahl? Dieses Mal vergraul ich die Menschen um mich nicht, diesmal nicht!

„Magst‘ auch eins? Ist noch kalt, also gib Gas.“

„Joa, klar, wieso auch nicht“

„Schönes Ding, Damian, gefällst mir immer besser!“

Damian lächelte verlegen und trank von seiner Dose.

Während alle ihr Vitaminwasser genossen, kehrte wieder Stille ein, der dezente Geruch von Freiheit lag in der Luft.

Jetzt hab ich das Teil schon zur Hälfte ausgetrunken. Schmeckt verdammt gut. Stark ist es aber schon, ich mein, ich bin ja noch so was wie eine Jungfrau auf dem Gebiet. Ich hab ja gehört, beim ersten Mal soll man nicht lange brauchen, naja, so ist es dann anscheinend auch beim Weg zum ersten Schwips beim ersten alkoholischen Getränk.

Man wollte jedoch cool sein, klar, denn wie sollte man denn sonst dazugehören. Damian trank sein Bier also aus, und war, wie bereits genannt, leicht beschwipst, was nach einem Bier fast ausschließlich bei Alkoholneulingen vorkommt, er ließ dennoch nichts anmerken, er versuchte es zumindest, denn wie „cool" wäre das schon?

Sie saßen noch den restlichen Tag unter dieser romantisch-atmosphärischer Autobahnbrücke und plauderten. Sie lästerten über Lehrer, Eltern und andere Autoritätspersonen, denn als Jugendlicher in der Pubertät will man frei sein, man sehnt sich nach Anarchie, doch im ersten Schritt beschwert man sich über alles, was über einem steht, ein üblicher Ritus bei pubertären Geschöpfen.

Langsam wurde es auch dunkel, der Tag wich mit schnellen Schritten der Nacht. Die Jungs machten sich daraufhin auf den Heimweg.

Was wird meine Mutter denken, sie weiß nicht wo ich war, was ich getan hab, mit wem ich unterwegs war? Was ist, wenn sie mich mit Fragen löchert? Was soll ich ihr dann sagen? Ich kann nur hoffen, dass sie sich nicht für mich interessiert, denn das einzige was sie kann ist sowieso nur schimpfen und mich niedermachen.

Tom und Co. Brachten begleiteten Damian sogar bis

zu seiner Haustür. In der Küche brannte das Licht, wie man von außen erkennen konnte.

„Tschau, Jungs, war toll mit euch!"

„Servus Damian, sehn' uns morgen!"

Er holte seinen Schlüssel aus der Tasche, steckte ihn in das Schloss und sperrte dieses ganz langsam auf, um ja keinen Lärm zu verursachen. Er betrat das Haus, zog sich seine Schuhe aus und steuerte in Richtung Stiegenaufgang, der zu seinem Zimmer führte.

Aus der Küche war plötzlich eine verärgerte Stimme zu hören.

„Damian?!...Damiaaan?!"

„Ja, Mama?"

„Was ist los mit dir, sind wir uns jetzt nicht mehr genug, um zu grüßen?"

„Hallo!"

„Ja, ja, deine Späße kannst du dir sparen! Wo warst du eigentlich so lange?"

„Ich war unterwegs!"

„Mit wem? Du hast doch keine Freunde, oder weiß ich da etwa was nicht?"

„Mit Terroristen, weißt du Mama? Echt tolle Kerle."

„Was hast du da gesagt?!"

„Ach, vergiss es. Ich geh jetzt ins Bett, schlaf gut!"

„Gute Nacht."

Man konnte nicht behaupten, die Beziehung zwischen Damian und seiner Mutter wäre rosig gewesen, denn wenn man mit seinem eigenen Leben nicht klar kommt, wie die Mutter es tat, dann kann man auch keine Liebe und Zuneigung für andere zeigen, geschweige denn eine gute Mutter sein, die sich um ihr Kind kümmert, die zuhört, die versteht. Und so kam es dazu, dass Damian kein Mensch der sozialen Interaktion war, er hatte niemanden, dem er seine Geschichten, sein Leid, seinen Schmerz erzählen konnte, er hatte keinen, dem er sein Herz ausschütten konnte. Wo sollte er lernen, mit Problemen umzugehen? Er konnte es nicht und genau das war so eine große Hürde für ihn, die unüberwindbare Mauer, die ihn davon abhielt, soziale Kontakte zu knüpfen, die ihn an den Rand der Gesellschaft stellten.

Doch was war jetzt? Er kannte nun Tom und die anderen für einen Tag. Was sollte er davon halten? Was wollen die Jungs von ihm? Warum sollten sie ihn aufnehmen wollen? Es war ihm sehr schleierhaft, doch er beschloss dann, es einfach auf sich zukommen zu lassen, den Dingen freien Lauf zu lassen.

Am nächsten Tag, verschlafen wie er nun einmal um 8 Uhr morgens war, betrat er unmotiviert die Klasse. Tom und seine Freunde grüßten ihn freundlich. Daraufhin kehrte Totenstille im Klassenraum ein. „Was sollte das gerade? Tom hat gerade diesen…diesen Außenseiter begrüßt. Bin ich etwa im falschen Film?", dachte sich der Großteil der Mitschüler.

Uninteressiert und unberührt setzte er sich in seine Ecke und machte den ganzen Tag keinen Mucks mehr, ihm war es egal, wie sehr diese Naturkatastrophe diesen Morgen die ganze Gemeinschaft der Klasse erschüttert hat. Angesprochen hat ihn auch keiner darauf, denn wieso sollte man sich mit dem Außenseiter blicken lassen?

Sind die nur neidisch? Ja die sind bestimmt nur neidisch. Blöd gelaufen. Ich bin jetzt, das hoff' ich zumindest, bei denen dabei, bei denen, die cool sind, die was auf dem Kasten haben. Ja, das wären die ganzen anderen auch sicher gerne. Aber, sollen sie nur reden und was weiß der Teufel was, mir ist das eh egal, war's mir ja schon immer. Es ist aber so ein…so ein verdammtes geiles Gefühl zu wissen, dass ich mich nicht mehr herumschubsen lassen muss. Diese ganzen Scheißkerle werden das alles noch zurück bekommen, das ganze Leid, dass sie mir angetan haben.

Damian war stets mit den Jungs unterwegs, von dem einen Tag an. Er war ein Teil der Gruppe, er war jetzt Part of the Game, wie man so schön sagt. Geschlagen wurde er nicht mehr, er war in der Lage, sein Pausengeld gegen Essbares zu tauschen, nicht gegen ein paar kräftige Hiebe. Mobben wollte ihn ebenso keiner mehr so wirklich, die Gruppe machte ihn stark und, was am wichtigsten war, sie stand hinter ihm.

Damian wurde ganz und gar nicht zum Star der Schule, das wäre wohl ein Ding der Unmöglichkeit gewesen, das hätte er genauso wenig gewollt. Was für ihn zählte, war der leichte Duft von Freiheit, der in der Luft lag. Der ganze Smog voll von Unterdrückung, Hass und Ausgrenzung verzog sich von Zeit zu Zeit immer mehr. Erst einmal befreit durchatmen, die Last ablegen, das macht das Leben eines einst gepeinigten kleinen Erdlings eine Spur verträglicher. Der Anfang war da, der Anfang eines Lebens, welches auch den Wert hatte, es zu genießen. Als hätte er die Fesseln abgelegt und auf freiem Fuß gelebt.

Plötzlich kam ein Junge her, aus der Nebenklasse. Er war einer von Damians Peinigern.

„Heeey, Damian, mein alter Freund. Wie geht's dir denn, du Sackratte? Haha, und wie viel hat dir denn deine Mutter wiedermal mitgegeben, die Schlampe? Hat sie gut verdient?", brachte er in einem sehr unterdrückenden und spottenden Ton hervor.

Bevor sich Damian ein paar Sätze zusammen reimen konnte, um zu kontern, sprang Tom wutentbrannt auf und packte ihn am Hals.

„Was hast du da gerade gesagt, Arschloch?"

„Was willst du Spast denn? Mir die Eier kraulen? Das hättest du wohl gern."

„Wenn ich du wäre, würde ich meine Fresse nicht so weit aufreißen!"

„Oh, ich piss mir fast schon in die Hose! Wichser."

Ohne auch nur mit der Wimper zu zucken warf Tom ihn zu Boden, setzte sich auf ihn, und drosch auf den Großkotz ein. Er war nicht mehr zu bremsen. Die Schläge trafen ihn ihm Sekundentakt, begleitet von einem „Du…Hurensohn" hier und einem „Scheiß…Wichser" da. Keiner wollte eingreifen, alle schauten dem Gemetzel zu, es war fast schon Blutrünstig.

Nach gut 5 Minuten war seine „Arbeit" getan, seinen Gegner hatte er bis in die Regungslosigkeit geprügelt.

„Nichts zu danken, Damian. Der wird dir so schnell nichts mehr tun. Komm mit, ich verschwinde von hier."

Er klopfte Damian kameradschaftlich auf die Schulter, packte seine Schultasche, die nur spärlich mit Schulbüchern bepackt war, und ging mit Damian an seiner Seite zur Tür raus, denn er wollte nicht dort sein, wo er gerade einen Schüler krankenhausreif geprügelt hatte.

Sie gingen durch die Straßen, ein wenig planlos. Damian war noch immer ein wenig durch den Wind, man sieht ja nicht jeden Tag eine so brutale Auseinandersetzung, die so einseitig vonstattengeht.

„Dem hab ich's ordentlich besorgt, was?"

„Haha, ja, das kann man so sagen, danke."

„Ach kein Problem, wer so mit meinem Damy redet, darf sich nicht wundern, wenn er eins auf die Fresse bekommt. Komm', wir gehen zu mir! Videospiele, Alkohol, was immer du gern hättest, ich hab's."

Um aufjedenfall den Klischees zu entsprechen gingen die beiden also zu Toms Residenz und machten es sich dort gemütlich, während sie die Schule schwänzten. Sie waren alleine zuhause. Toms Mutter war eigentlich nie anzutreffen. Warum? Das wusste keiner so wirklich. Tom behauptete „aus geschäftlichen Gründen", aber ob man solchen Aussagen Glauben schenken sollte, ist eine andere Frage.

Hin und wieder ließ Sie, wenn sie denn kurz zuhause vorbei schaute, Geld für Tom auf dem Tisch liegen, er war so etwas wie ein jugendlicher Selbstversorger, es blieb ihm ja auch nichts anderes über. Ganz weit drinnen, hinter der harten Schale, verbarg sich der wahre Tom, der verletzlich war, der alleine war. Niemanden hatte er zum Reden, das trug maßgeblich zu seiner sozialen Prägung bei, doch den weichen Kern kann man nur in den seltensten Fällen ändern, aber ignorieren kann man ihn nicht, ignorieren nur temporär. Dann kam da Damian, beziehungsweise ließ er Damian zu sich kommen, denn er hatte ihn schließlich angesprochen, auf Damians Eigeninitiative zu warten wäre so gewesen, als hätte man darauf gewartet, dass man verhungert, während man sich gerade zwei saftige Burger und eine große Portion Pommes reinhaut, da hätte sich beim besten Willen nichts getan, weil er genauso war wie Tom. Damians Problem war nur einfach, dass er keine Schale hatte. Auch wenn er aus Selbstschutz kurzfristig eine hauchdünne Schutzschicht rund um seine verletzte Seele gebildet hatte, wurde Sie kaltherzig zertrümmert, durch die Fäuste der populären Jungs, die selbst nichts weiter waren, als selbst so arme Seelen, die sich letzteres jedoch nicht eingestehen wollten. Jeder Mensch hat ganz tief drin eine Stimme, die ihm sagt, wie er mit anderen umgeht, die sensibel und einfühlsam ist, die den Umgang lehrt und auf andere Geschöpfe Acht gibt, von der jeweiligen Ausprägung bei unterschiedlichen Menschenkindern ist hier nicht die Rede. Manche lernen, zu verdrängen, zu verdecken, ihr Leid und ihren Schmerz. Das sind die Leute die oben stehen, während derjenige, der genau dies nicht kann, der zu seinen Gefühlen steht, oder es zumindest möchte, am Boden liegt und dem Verrecken mit jeder schmerzvollen Sekunde einen kleinen Schritt näher kommt.

Es beruhte hier auf Gegenseitigkeit. Die Initiative ging von Tom aus. Er hatte Damian durchschaut, bevor das erste Wort in der Konversation den Weg über die Lippen gefunden hatte, er wusste, mit was und vor allem mit wem er es hier zu tun hatte. Es war für ihn, als würde er in einen Spiegel sehen, der das psychische Abbild zeigt, welches im Grunde genommen ganz und gar gleich war, er konnte sich identifizieren, mit einem Menschen, den alle anderen abgestoßen, abgeschoben und abgelehnt hatten, er drückte ihm keinen Stempel auf die Stirn, er sollte derjenige werden, der ihm die Stirn poliert und ihm hilft, vom Boden aufzustehen.

Tom wünschte sich im Geheimen, seinen Freund gefunden zu haben, nachdem er eigentlich schon immer gesucht hat, ein Typ, der ihn versteht, genau das verband die beiden.

Was sollte Damian von dieser ganzen Situation halten? Naja er suchte die ganze Dauer seines Daseins weniger nach dem idealen Freund als überhaupt nach einem Menschen, der Interesse zeigte. Die Lage hätte so zu sagen nicht besser sein können, für beide Parteien.

3
EINSAMKEIT IN DER MENGE

Die zwei, die wie durch Schicksal zusammen gefunden haben, um es ganz romantisch auszudrücken, saßen also da, zwei Teenager, die in manchen Momenten vor Langeweile gar nicht mehr aus der trüben Fensterscheibe der Unternehmungslosigkeit raus sahen, die Schule schwänzten und sinnlos dahin vegetierten.

Als anfängliche Unterhaltung spielten sie Videospiele aller Art, starrten zwischendurch in die Luft oder sie unterhielten sich. Das konnten sie prächtig, doch auf die Gleichheit der Ebenen, auf denen sie sich geistig befanden, will ich hier gar nicht weiter eingehen. Sie amüsierten sich, denn sie saßen ja auch nicht in der Schule wie die anderen, wie schlecht kann es einem Burschen unter solchen Umständen schon gehen?

Getrunken wurde auch, war ja auch ein ganz netter Zeitvertreib. Alkohol kann genauso lustig machen und Probleme verbergen. Wie es so schön heißt, Alkohol ist keine Antwort, aber es lässt dich zumindest die Frage vergessen, was ja oft auch von Vorteil ist.

Es war jedenfalls egal, was sie anstellten, es war keiner da, der ein Auge auf sie hatte.

Die Zeit war toll. So sorglos und befreit standen Sie noch kaum auf den Füßen. Doch auch solche Tage finden früher oder später ihr Ende.

So ging Damian spätabends nach Hause, zu seiner Mutter, die ihn, mehr oder weniger, sehnsüchtig erwartete. Diesmal achtete er nicht auf seinen Geräuschpegel, es war klar, dass die Frau, die ihm sein Leben geschenkt hatte, nicht gerade mit dem richtigen Fuß aufgestanden war, wobei Sie das an keinem der 365 Tage im Jahr tat.

Bitte, halt einfach den Mund, ich ertrag den ganzen Scheiß von dir nicht mehr. Deine Art, wie du aussiehst, wie du dich benimmst, Kindergartenniveau. Bekomm' dein Leben mal auf die Reihe, bevor du andere an die Wand stellst, du hast mir in diesem Leben nichts als Ärger gebracht, seitdem du mich, ohne zu fragen, in diese Welt gesetzt hast. Dank einem Vater, den ich nicht kenne, ich könnte genauso gut aus einem Reagenzglas stammen, es erzählt mir ja keiner was. Fick dich, ich halt deinen ganzen Scheiß nicht mehr aus, nicht länger.

„Wo warst du?“

„Was geht's dich an?“

„Ich bin deine Mutter, du vorlautes Ding, was soll dein Ton?“

„Seit wann bist du denn meine Mutter? Seit wann? Etwa seit heute Morgen? Ha, das bezweifle ich.“

„Was stimmt nur nicht mit dir? Ich habe dich nicht zu dem erzogen, der du in diesem Moment bist!“

„Ja genau, richtig, stimmt. Weißt du auch wieso? Erzogen hast du mich ja nicht. Erzogen hast du deine

Leber, mit deinem ganzen Fusel umzugehen, wer weiß, früher oder später schlägt die Alkoholtherapie auch bei mir an?“

„Ich erkenne meinen eigenen Sohn nicht mehr, ich hätte nicht gedacht, dass dieser Tag noch kommt. Weißt du, ich hocke hier, mit abgetragenen scheiß Kleidern, habe keinen Job, mein eigener Sohn, der er bis jetzt auch war, scheißt mir auf den Schädel, was denn noch alles?“

„Naja, vielleicht meldet sich ja mein Vater mal wieder. Ach, hatte ich ja vergessen, ich weiß nicht einmal, ob es ihn gibt!“

Die Mutter begann lauthals zu weinen. Sie schrie, sie klopfte auf den Tisch, während Damian wutentbrannt und voller Enttäuschung ins Zimmer rannte und sich einsperrte. Nun war der absolute Nullpunkt erreicht, der Punkt, an dem die Hoffnung auf ein glückliches und tolles Mutter-Kind-Leben schön langsam einen irreparablen Tiefpunkt erreichte.

Leicht zu erkennen war Damians Verwandlung. Er wandte der Vergangenheit den Rücken zu. Er legte den Mantel ab, der mit Demütigung und Unterdrückung geschmückt war, wie eine Schlange, die sich häutet und ließ sich die Sonne auf den Bauch scheinen. Er genoss es, aus seiner Haut raus kommen zu können, man konnte es eine psychologische Wiedergeburt nennen.

Den introvertierten kleinen Jungen, der unter dem Schatten seiner eigenen Persönlichkeit lebte, der immer ausgeschlossen und ausgenutzt wurde, den gab es ab diesem Zeitpunkt nicht mehr. Er war gewachsen. Mut und Selbstbewusstsein sollten ihn nun auszeichnen. Was Leute, die für einen da sind, alles aus einem Menschen machen können, ist erstaunlich!

Tom war die Hebamme, die Damian geholfen hatte,

sein neues Ich, das ganz tief in ihm gefesselt war, auf die Welt zu bringen, man konnte von Glück sprechen, dass es so kam, und nicht anders, wer weiß, wo Damian sonst gelandet wäre, außer auf dem dreckigen Boden der Schultoilette.

Morgens, so circa um 10 Uhr, stand Damian dann wieder auf. Die Aufregungen von gestern waren schon längst vergessen. Gemütlich und ganz stressfrei putzte er sich die Zähne, machte sich seine Haare, zog sich seine Hose an und machte sich auf den Weg. Seine Mutter war nicht da, wie sonst immer, was ihn allerdings spärlich interessierte. Ihm war es allmählich sogar lieber, allein zu sein und sich nicht einer autoritären Figur mit Persönlichkeitsproblemen zu beugen.

Klarerweise war er zu spät für die Schule, genauso wie Tom. Sie hatten sich verabredet. Eigentlich war in der Schule ein Test geplant, doch genau das war der Grund für deren Abstinenz. Faulheit und Gehirnzellenverfolgung hätten da sowieso zu keinem anschaulichen Ergebnis geführt, und was tut man, wenn man sich von seinen Pflichten befreit? Man sucht sich keine neuen. Man braucht sich gar keine Gedanken darüber zu machen, wo sich die zwei Knaben aufhielten, es war immer wieder der gleiche Ort, vor dem Fernseher.

Damian war angespannt, anders als sonst.

Vielleicht hätte ich doch in die Schule gehen sollen? Ich bräuchte ja eine gute Note, oder? Ist es richtig, was ich da tue? Meine Zukunft allmählich verbauen? Oder ist es gar nicht so schlimm? Und eigentlich macht mir meine Mutter sorgen, obwohl sie sowas von unfähig in ihrem Fach ist. Ach, scheiß drauf. Die kommt doch eh nicht mit ihrem Leben klar. Aber was hat sie vor? Wo ist sie? Will sie mir ein schlechtes Gewissen einjagen? Ha! Na dann viel Erfolg. Ich hoffe sie hat dabei genau so viel Ertrag wie bei ihren Erziehungsmethoden, also quasi gar keinen.

„Damian, was ist denn los, yo? Du bist ja ganz unruhig! Als würde ein Typ mit Herpes probieren, dir einen Zungenkuss zu verpassen, was geht ab mit dir? Kannst mir alles erzählen."

„Es ist gar nichts, alles bestens! Netter Vergleich nebenbei bemerkt."

„Na gut, wenn du meinst, mein Angebot steht noch."

Sie spielten weiter, stundenlang, bis Tom irgendwann aufstand. Er wirkte ein wenig genervt, wobei Damian nicht wusste, warum das so sein sollte.

Hab ich ihn verärgert? Ach, ich frag ihn lieber nicht, sonst wird er vielleicht noch wütend.

Nach gut einer Minute kam er aus der Küche zurück, mit einer Packung Zigaretten.

„Sind von meiner Mutter, die alte Schachtel vergisst immer auf ihre Schachteln, wenn du verstehst. Rauch ein oder zwei, das beruhigt und steigert die Konzentrationsfähigkeit."

„Die sind doch total schädlich, ich will so etwas nicht", erwiderte Damian.

„Ach, was die Leute immer reden. Von langem Herumgerede verkürzt sich das Leben genau so, also mach keine Faxen."

Mein eigener Freund wird mich schon nicht umbringen wollen, geschweigedenn mir irgendetwas Schädliches andrehen wollen.

„Hast recht, die Leute in den Medien sind eigentlich die neue Propaganda, die erzählen dir, wie du leben sollst und das alles, das nervt mich schon lange."

So zog er sich also einen Glimmstängel, begleitet von mächtigen Hustenanfällen, in die Lunge.

Er fand irgendwie Gefallen daran. Vielleicht, weil es ein Schritt näher zum Status der Coolen war. Vielleicht aber auch, weil er alles mit sich machen ließ und leicht zum Opfer wurde. Man wird, wenn man nicht aufpasst, schnell ein Opfer der modernen Konsumgesellschaft. Alkohol und Zigaretten erleichtern dies noch dazu ungemein, da diese zwei Drogen leider völlig integriert und akzeptiert werden.

„Also, ich muss sagen, bis auf das beschissene Husten sind die Dinger schon recht gut!"

„Glaubst du, ich würd dir was Schlechtes andrehen?"

„Niemals! Also, zocken wir weiter, jetzt wo ich wieder voll bei der Sache bin?"

„Naja, ich würd schon gerne wissen, warum du so hin und her gerissen bist! Wie gesagt, kannst mir alles erzählen."

„Also, ehrlich gesagt will ich nicht drüber reden."

„Warum denn? Vertraust du mir nicht?"

„Doch…Doch, echt. Aber, es ist mir einfach verdammt unangenehm. Du kennst das bestimmt."

„Na und? Ist doch scheißegal, sind doch unter uns! Was hast du denn gegen mich?"

„Gar nichts. Kannst du jetzt bitte aufhören?"

„Da spendiert man ihm Zigaretten und er wird zum Arschloch. Soll mir recht sein. Nimm endlich deinen scheiß Controller in die Hand, dass ich dich fertig machen kann!"

„Alter kannst du mir mal sagen, wo deine Mutter eigentlich die ganze Zeit ist, Tom? Ich meine, du bist hier immer so alleine. Du sagst immer, wenn man dich drauf anspricht, sie sei auf Geschäftsreise oder so etwas in der Art. Was ist denn wirklich dahinter?"

„Sie ist auf Geschäftsreise, du Vollidiot. Wenn sie es nicht wäre, würde ich es dir auch nicht sagen, du redest ja genauso wenig mit mir. Findest du das richtig?"

„Ich habe ja nur gefragt, du musst ja nicht gleich eine Staatsaffäre daraus machen."

„Du hast mir gar nicht zu sagen was ich tun soll. Hast du sonst noch irgendetwas zu sagen? Irgendwas, was jetzt vielleicht wichtig ist? Kritik, Fragen, Anregungen, Beschwerden? Nur zu!"

„Sag' mal, was ist denn in dich gefahren? Warum bist du jetzt so zu mir?"

„Hättest du mal lieber dein Maul gehalten."

„Ich habe nur höflich gefragt, was ist denn bloß dabei?"

Ich habe nie gesagt, dass ich darüber reden will. Aber du, ja du, musst mich ja drauf ansprechen, hat ja vielleicht einen Grund, warum ich nicht darüber reden will, könnte ja sein, nicht wahr? Aber nein, aber nein, aber nein, du bist stur, klar.“

„Jetzt reicht es aber, Tom!“

„Du bist nicht meine Mutter, Dreckskerl.“

„Ähm…“

„Scher dich aus meinem Haus, komm, hopp, hopp. Störenfriede werden nicht akzeptiert. Hast du dir selber zuzuschreiben. Also, du hast jetzt die dringende Erlaubnis, dich zu verpissen. PS: Jetzt sofort.“

Damian war fassungslos. Er stand auf, nahm seine Sachen, die er im Raum verteilt liegen gelassen hatte, ging zur Tür und ging.

Was war das denn gerade? Ich meine, klar, ich wollte auch nicht über meine Sorgen reden, aber er macht einem ja gleich die Hölle heiß, wenn man ihm auf den kleinen Zeh steigt. Ich denke, der wird so schnell nichts mehr mit mir zu tun haben wollen. Aber was mache ich denn jetzt? Meine Mutter ist nicht aufzufinden, Tom ist sauer auf mich, ich weiß ja nicht, wie lange er mich jetzt hasst. Für nichts und wieder nichts. Ich hoffe, das legt sich wieder. Sonst bin ich genauso alleine, wie ich es schon immer war.

Alleine war Damian nun unterwegs. Einsam ging er die Straßen auf und ab. Langsam wurde es dunkel, die Straßenlaternen nahmen ihre Arbeit auf, während Autos an ihm vorbeizogen, unzählige, der Abendverkehr tobte. Dennoch war er alleine. Keiner war für ihn da. Wenn er seine Haustür aufsperrte, würden seine Begrüßungen von niemandem erwidert werden. Anrufen konnte er ebenso niemanden, wen denn auch?

Er wusste nichts mit seiner Zeit anzufangen und so setzte er sich auf die nächste Parkbank, nahm seine Besitztümer aus der Hosentasche und begutachtete diese. Sein Handy, auf der er keine Nachrichten empfangen hatte, eine Packung Taschentücher, seinen Haustorschlüssel, der mit einem Anhänger versehen war. Dieser sah aus wie eine kleine, bunte Raupe, aus Holz. Er erinnerte sich zurück an seine Kindheit. An die einsamen Tage, die er alleine in seinem Zimmer verbracht hatte. Wenn er doch einmal vor die Tür gegangen ist, bekam er den Ball der Nachbarskinder auf den Schädel und wurde ausgelacht. Seine Mutter war ihm nie eine Hilfe. Alles, was er in seinem, gar nicht so kleinen, Hirn besaß, hatte er sich selbst angeeignet. Es gab keine Freunde, die bei seiner Haustür klingelten und fragten, ob er denn nicht zum Spielen rauskommen könne, niemanden, der sich für ihn in dem Ausmaß Interesse zeigte, wie es ein Kind benötigt.

Sein Vater, er wusste nicht, wer ihm das Privileg des Lebens geschenkt hatte. Er wusste nicht, ob er überhaupt noch lebte, wo er wohnte, ja nicht einmal wie er hieß.

Damian fing an zu weinen. Je mehr er über seine Vergangenheit nachdachte, je mehr er den Schatten der Einsamkeit und des Frustes wieder über ihn kommen ließ, desto trauriger und verzweifelter wurde er.

Während er weinte zog er, ohne groß darüber nachgedacht zu haben, seine Geldbörse heraus und öffnete sie. Außer ein paar Geldscheinen, Visitenkarten und alten Rechnungen hatte Damian relativ wenig darin aufbewahrt.

Plötzlich erinnerte er sich aber wieder: Als er am Morgen in die Küche ging, sah er die Kreditkarte seiner Mutter auf dem Küchentisch. Er hielt das für sehr merkwürdig, denn wie weit sollte seine Mutter schon ohne Bezahlungsmöglichkeit kommen? Also nahm er, aufgrund des Naturinstinktes von Pubertierenden, die Karte und steckte sie in die Brieftasche.

Das heiterte ihn ein wenig auf, denn er war jetzt nicht mehr ganz so eingeschränkt. Nach einer weiteren kurzen Selbstmitleids- und Trauerphase setzte er seinen Marsch in Richtung Innenstadt fort..

Als er nach einiger Zeit dort angelangt war, kaufte er sich zuerst einmal etwas zu essen, er hatte einen Mordshunger. Dann kam ihm wiederum eine Idee. Beim nächsten Zigarettenautomat blieb er stehen.

Sollte ich das jetzt wirklich machen? Ich will ja nicht abhängig werden oder so etwas. Ich will ja nicht so wie meine Mutter werden. Genauso wenig will ich an Krebs sterben. Aber…wenn ich es so recht bedenke…Ich kenne Menschen, die nie geraucht haben, immer Sport getrieben haben, immer gesund gegessen haben und ihren Körper in Form hielten, die dann an Krebs gestorben sind. Ebenso kenne ich ja auch Leute, die mehr Rauch in die Lunge inhalierten als Sauerstoff und immer noch keine Anzeichen von Erkrankung zeigen. Ach, scheiß doch der Hund drauf, warum sollte ich zurückhaltend leben? Die Guten werden sowieso nie belohnt.

Lang gezögert, kurz getan, drückte er sich eine Schachtel Zigaretten mithilfe der Kreditkarte herunter. Irgendwie machte ihn das glücklich, er fühlte sich so erwachsen, irgendwie männlicher. Er fühlte sich wie die coolen Gangsterbosse, die qualmen wie ein Schlot, Menschen töten und Ähnliches taten. Unverständlicherweise ist Rauchen mehr oder weniger zum Statussymbol geworden, warum auch immer.

Rauchend rannte er ziellos umher, bis es ihm irgendwann einmal zu dumm wurde und er doch den Weg nach Hause suchte. Wieder ging er die Straßen entlang, dunkel war es schon längst geworden. Weit und breit war kein Mensch zu sehen, Autos waren keine mehr unterwegs.

Nach einigen Minuten der Verlassenheit sah Damian einen Mann. Er ging hinter ihm. Nicht auffällig, dennoch war er mindestens einen Kopf größer und war wesentlich muskulöser. Er ging immer schneller. Damian wurde unglaublich nervös, er beschleunigte ebenfalls. Der Mann wollte ihn unbedingt kriegen, warum wusste er nicht.

„Hey, Kleiner!“, rief der geheimnisvolle Typ.

Damian blickte nach hinten.

„Brauchst keine Angst zu haben, warte bitte kurz!“

Er näherte sich, während Damian zum Stillstand gekommen war.

„Hey, danke, dass du gewartet hast. Ich hab mein Feuerzeug vergessen, kannst du mir vielleicht deines borgen?“

„Ja, klar, warte eine Augenblick:“

Er zückte sein Feuerzeug und hielt es in der rechten Hand, so dass der Mann die Möglichkeit hatte, es zu nehmen. Doch anstatt dies zu tun, packte er Damians Hand mit seiner Linken und verpasste ihm mit der rechten einen sauberen Kinnhaken. Er wurde so hart und an genau dem richtigen Punkt getroffen, dass er das Bewusstsein verlor.

Im Morgengrauen konnte er seine Augen wieder öffnen. Er war ganz benommen, konnte nicht klar sehen. Er hatte nicht den blassesten Schimmer, was mit ihm geschehen war, zumindest in diesem Moment nicht. Keiner hatte ihm in seiner geistigen Abwesenheit geholfen, alle, die seinen weg kreuzten, hielten ihn für stark alkoholisiert, und sie dachten, er wäre einfach auf dem

Gehsteig eingenickt. Nach einer kurzen Erholungspause war er dann fähig, aufzustehen. Sein Schädel brummte wie verrückt. Als er seine Hosentaschen überprüfte stellte er zu seinem Entsetzen fest, dass sie leer waren. So leer wie der Kopf einiger unserer Politiker. Alles, alles was er eingesteckt hatte, war nun weg. Auch die Kreditkarte. Er war, wie es im Volksmund so schön heißt, am Arsch.

Was sollte er denn jetzt machen? Er war in einer gewissen Weise machtlos. Zur Polizei wollte er nicht gehen, mit denen hatte er nichts am Hut, also bis jetzt noch nicht, und hatte das auch nicht groß vor. Zu einem gewissen, aber trotzdem maßgeblichen Teil war er feige. Damian hatte nicht den Mumm zur Polizei zu gehen und jemand anderen zu verpfeifen, beziehungsweise seinen eigenen Schaden melden. Er hatte einfach Angst. Erinnerungen kamen hoch. Erinnerungen an damals, gar nicht so weit entfernt. Damals, als er noch gehänselt wurde. Ausgelacht, geschlagen, gepeinigt. Damals, als er zur Mittagspause noch Klowasser schlürfen durfte, welches er durch ein paar kräftige Hiebe in dem Magen wieder heraufbefördert hatte. Ihm erschien ein Bild vor den Augen, eine Szene:

Damian sperrte die Haustür auf, versuchte keinen Mucks zu machen.

„Damian? Damian, du bist schon zu Hause, schön. Wie war es in der Schule?"

„Weißt du Mama, es war nicht besonders. Es ist nichts vorgefallen, wie immer eben."

Sie kam vom Wohnzimmer, bewegte sich Richtung Vorzimmer und Eingangsbereich um ihren Sohn zu sehen.

„Wie…Wie siehst DU denn aus?"

„Was meinst du?“

„Na was meine ich wohl? Dein Auge? Das ist ja ganz blau! Die Kratzer die du überall hast, sag mal was ist denn passiert?“

„Ach, weißt du, wir hatten heute Turnunterricht, wie jede Woche. War nicht mein Tag, ich bekam beim Fußball spielen einen Ball…naja du weißt schon…direkt auf das Auge, hat…ziemlich wehgetan, kannst du dir ja vorstellen.“

„Und die Kratzer, die du überall hast?“

„Naja…Ehrgeiz, würde ich mal sagen.“

„Lüg mich nicht an, Damian!“

„Warum sollte ich das tun?“

„Weil du verlogen bist, wie dein Vater es immer war. Ich halte solche Leute einfach nicht aus! Hast du nichts zu tun, du Bengel?“

„Hausaufgaben.“

„Dann mach sie doch, oder willst du etwa in der Schule auch noch versagen?!“

„Nein…nein, eigentlich…nicht.“

Er ging daraufhin enttäuscht und auch sehr traurig aus dem Zimmer.

Es war einer von vielen Tagen, an denen er keinen Sportunterricht hatte. Anstatt ihm zu helfen, der Sache auf den Grund zu gehen, herauszufinden, warum ihr Sohn in

Wahrheit so entstellt war, machte sie ihn nieder.

Genau davor hatte Damian Angst. Zur nächsten Polizeidienststelle zu gehen, was wäre gewesen, wenn ihm die Geschichte kein Mensch geglaubt hätte und ihn alle stattdessen nur ausgelacht hätten? Er wollte nicht schon wieder enttäuscht werden.

Er packte dann all seinen Mut zusammen und suchte doch den Weg in das gelobte Land, auch Zuhause genannt.

Er sah zur Einfahrt des Hauses. Dort stand kein Auto auf dem Platz, wo sonst immer eins stand.

Meine Mutter ist also noch immer nicht da. Langsam geb' ich's auf. Wenn sie heute nicht wiederkommt, kommt sie nie mehr. Was mache ich dann? Naja, darüber mach ich mir keine Gedanken, zumindest noch nicht. Ich habe Hunger aber nichts zum Essen. Genauso wenig habe ich jemanden, der mir eine warme Mahlzeit kocht. Ich muss mich vielleicht nur damit abfinden, wer weiß.

Er irrte sich nicht. Das Haus war noch immer leer. Der innere Instinkt von Damian war einerseits da, er machte sich Sorgen um seine Mutter, das Ausmaß war entscheidend. Da die Mutter-Sohn Beziehung schon direkt gesagt hinüber war, scherte er sich nicht lange darum, was seine Erzeugerin so vor hatte, oder getan hatte, was auch immer. Es war ihm, wenn er reinen Gewissens darüber nachdachte, scheißegal, nach all dem, was vorgefallen war. Nach all dem, was sie ihm, direkt, durch Aussagen oder Taten, oder auch indirekt, durch die Vernachlässigung und die Nichterfüllung der mütterlichen Aufgaben und Pflichten. Innerlich hatte er sie und die ganze Geschichte bereits abgeschlossen.

Als er anschließend in seinem Zimmer saß ging er in Gedanken die Geschehnisse des Tages durch, soweit er sich noch daran erinnern konnte. Was wollte der Typ von ihm? Warum wählte er genau ihn? Hatte das etwas zu bedeuten, oder war es einfach nur Schicksal? Pech?

Er zündete sich eine Zigarette an. Nachdem er jetzt mehr oder weniger seinen eigenen Regeln unterlag konnte er in seinem Zimmer eben tun und lassen wonach ihm gerade war. Irgendwie, in irgendeiner Art und Weise fand er Gefallen daran, Herr über sich selbst zu sein. Toll, wenn man keine keifenden Eltern im Haus hat, die einem 24 Stunden lang über die Schulter schauten. Er musste sich in kein Schema zwecken, er musste niemanden gefallen, keine Erwartungen erfüllen. Abgesehen davon, dass er dies alles sowieso nie tat, doch alleine der Gedanke an die Freiheit, über die er nun verfügte machte ihn stolz.

Seine Gedanken wurden allerdings so rasch wie sie kamen auch wieder unterbrochen. Es klingelte jemand an der Tür.

Wer will denn jetzt etwas von mir? Bitte kein Vertreter. Ich hasse Vertreter. Oder Zeugen Jehovas. Meine Fresse, ich bin für Religionsfreiheit, aber die gehen einem zeitweise schon gehörig auf den Keks. Naja, aber wer kann denn schon etwas von mir persönlich wollen?

Er öffnete die Tür. Er konnte seinen Augen kaum glauben. Vor seiner Nase stand der altbewährte Tom. Er war derjenige, mit dem er am wenigsten gerechnet hätte.

„Hey Alter. Stör‘ ich dich bei irgendwas?“

„Ähm…nicht, dass ich wüsste. Was ist denn los?“

„Also wegen neulich, du weißt ja. Das…naja…das war nicht nett von mir, lass es mich so sagen. Also, es tut mir leid. Sehr sogar. Ich hätte nicht so reagieren dürfen. Du bist mein Freund, so hätte ich nicht sein dürfen. Also, hey, bist du alleine zuhause?“

„Ja, bin ich, wieso?"

„Ja, super. Hey, ich mach dir einen Vorschlag, du packst dir ein paar Sachen zum Anziehen ein und bleibst einfach ein paar Nächte bei mir, wäre doch toll, oder?"

„Ja, ist eine super Idee. Komm' doch rein, ich pack inzwischen zusammen."

„Schicke Bude, Kleiner. Wo ist deine Alte?"

„Weißt du, das erklär ich dir später, bei dir."

„Geht klar!" Was ist eigentlich mit deinem Auge passiert? Ach nein, weißt du was, besprechen wir bei mir zu Hause!"

„Wie du meinst."

Tom war also zurück. Damian war fassungslos. Er war erleichtert, voller Freude. Es war ein Lichtblick, der auf das Ende des Tunnels der Einsamkeit hinwies. Er, Tom, genau ER, kam zu ihm an die Tür und entschuldigte sich bei Damian für seine Taten. Er war eigentlich gar nicht der Typ, der so etwas tun würde, ganz im Gegenteil. Doch genau das gab Damian ein Gefühl, welches er zuvor noch nie hatte. Das Gefühl, von jemandem beachtet zu werden. Es war das erste Mal, dass sich jemand wegen ihm den Kopf zerbrochen hatte. Es war unbeschreiblich für ihn, in diesem Moment hätte er die ganze Welt umarmen können.

Bei Tom angekommen, machte er Damian gleich einmal etwas zu essen. Zwar war es ein Fertiggericht, aber in Damians Verfassung reichte sogar das für eine äußerste Befriedigung. Sie kamen dann wieder ins Gespräch.

„Also, was ist denn jetzt mit deinem Auge passiert? Hat dir jemand wehgetan? Das musst du mir sagen!"

„Ach das war doch gar nichts, ist doch nicht so wichtig! Warum spielen wir nicht einfach was?

„Jetzt hör' auf mich zu verarschen, ja? Was zum Teufel ist da passiert?"

„Okay, ich erzähl's dir. Also meine Mutter und ich hatten eine ordentliche Auseinandersetzung, ich weiß gar nicht mehr weswegen. Jedenfalls ist sie voll ausgerastet, hat voll herumgeschrien und alles, du kennst das sicher. Dann hat sie mir voll eine gefetzt, echt unglaublich, tat sogar mir weh, obwohl ich Schläge gewohnt bin. Voll heftig, davon kommt das."

„Unfassbar. Aber warum warst du dann ganz alleine zuhause? Wo war die Schlägerbraut?"

„Da sind wir dann auch schon beim Thema. Nachdem sie mir eine gefetzt hat sie ihre Tasche gepackt und ist einfach gegangen, einfach so. Hat nichts mehr gesagt. Sie hat's wahrscheinlich nicht mehr ausgehalten. Naja, jedenfalls hab' ich sie schon seit einigen Tagen nicht mehr gesehen. Die wird so schnell nicht mehr zurück kommen, denke ich."

„Scheiße, Alter. Aber was willst du machen? Schnallen sind Schnallen, Mütter sind Mütter, der ganze Scheiß eben. Kannst nichts machen. Aber dafür bin ich ja da, kannst ja bei mir pennen!"

„Danke. Bist echt ein Freund!"

„Ach ja, da kommt's mir wieder. Was Organisatorisches wäre da nämlich noch. Ich habe, offen gesagt, nicht vor in der nächsten Wochen, und wahrscheinlich auch nicht in der darauf, vor, die verschissene Kreativitätsberaubungsanstalt, auch Schule genannt, zu besuchen. Ich wollte nur wissen, ob du derselben Meinung bist."

„Ja, klar. Ist doch logisch. Party hard! Oder so etwas in der Art…"

Ich soll die Schule schwänzen? Auch das noch. Ich weiß nicht, ich will ja genauso wenig wie er, aber ich brauch eine Ausbildung. Aber ich kann auch nicht einfach sagen, dass ich dahin gehe, dann hält er mich wahrscheinlich für das größte Weichei der Welt. Naja, ich bleibe einfach zuhause, bei Tom, Zeitausgleich, oder wie sich das nennt.

Die nächsten waren der Hammer für die beiden. Sie hatten Spaß, alles war toll. Als Jugendlicher kann man sich eigentlich kaum etwas Schöneres vorstellen als „frei" zu sein. Frei von Schule, Lernen und Aufwand. Frei von Autorität, keine Eltern, keine Lehrer, keine Menschen, die über einen standen und einem sagten, was man zu tun hatte. Damit waren Sie auch sozusagen frei von Verpflichtungen und Vorschriften. Sie konnten tun und lasse wonach ihnen eben in diesem Moment gerade war. Der Luxus einer teilweisen Anarchie war den beiden gegeben.

Doch obwohl Damian ganze drei Tage am Stück bei Tom zuhause verbracht hatte, kreuzte dessen Mutter nicht auf. Sie legte nicht, wie von Tom behauptet, regelmäßig auf den Tisch. Sie war nie da, nie. Damian war unheimlich verwirrt. Fragen traute er sich aber dann doch nicht, er wollte auf keinen Fall eine solch verheerende Situation hervorrufen, die die beiden kurzfristig getrennt hatte.

Tom aber kannte diese Wortkargheit nicht.

„Damian, darf ich das was fragen?“

„Ja, immer, schieß los!“

„Wie war das eigentlich bei dir? Ich meine, als du noch klein warst, wie war das bei dir? Mir ist klar, dir ist das wahrscheinlich unangenehm, kannst mir ja auch sagen, wenn ich aufhören soll.“

„Wie soll ich das sagen? Also…eigentlich…war ich immer alleine. Nie hat mir ein Schwein zugehört. Nie war irgendjemand für mich da. Weißt du, wie beschissen das sein kann, wenn du mit deinen Problemen Sorgen ganz alleine klar kommen musst, du aber nicht dazu in der Lage bist? Was bleibt dir da über? Du schluckst es runter, immer und immer wieder. Jedes einzelne Mal. Bis es dich irgendwann auffrisst. Bis du endlich aufplatzt, wie eine geröstete Pistazie. Wie das dann aussieht, wann es so weit ist, ist nie sicher. Dazu kam klarerweise noch, dass mich auch in der Schule nie jemand angesehen hat. Ich war immer alleine, aber das hat ja keine Sau gekümmert. Ist ja schön, wenn man in der Pause seine Wut an jemandem auslassen kann, der viel zu schwach ist, um sich dagegen zu wehren. Sie sind da weiter gekommen, wo ich gescheitert bin: Bewältigung. Jeder hat seine Probleme und Sorgen, das ist doch klar, wäre ja auch sonst langweilig die ganze Geschichte, was zählt ist jedoch, wie man mit diesen Hürden umgeht. Ich konnte es, wie schon oft genug gesagt, nicht und genau das hat mich zu dem gemacht, der ich bin. Zu jemandem, der immer mit sich machen lässt, der immer nachgibt, der schwächste Ast auf dem Baum, du weißt schon. Und als ob das mit meiner unfähigen Mutter nicht schon genug wäre, weiß ich ja nicht einmal, wer mich in die Welt gesetzt hat. Ich habe keine Ahnung, wer mein Vater ist. Das werde ich wohl nie erfahren. Doch was mich so bedrückt ist die Frage. Diese eine Frage. Soll ich froh darüber sein, nicht zu wissen, wer er ist, oder verpasse ich etwas? Ich meine, was für ein Versager muss er denn sein, dass er sich nicht einmal selbst darum kümmern kann, seinen Sohn kennen zu lernen? Trotz alledem…ich hätte mir einfach eine Kindheit mit…einem Vater gewünscht."

Er fing an bitterlich zu weinen.

„Ich denke mir, all die…all die kleinen Scheißkerle dürfen einen Vater haben, nur ich…nur ich, der beschissene kleine Junge, auf den jeder scheißt, darf das nicht. Bin ich etwa so ein schlechter Mensch? Selektiert dieser beschissene Gott denn etwa? Ach ja, du warst brav, oh ja, du bist schön, oh toll, du bist intelligent, ihr alle dürft glücklich sein. Aber nein, was sehe ich denn hier? So ein kleiner Strich in der Landschaft, oje, ich glaube Damian heißt dieser Kleine, ach, der darf nicht glücklich sein, nein, auf keinen Fall. Was für eine verschissene Person bist du denn bitte, du Arschloch von Gott, dass du mich so leiden lässt?! Wenn du doch angeblich existierst, wieso bist du dann so ein Verbrecher?! Was zum Teufel habe ich dir denn getan, dass du gleich deine Periode bekommst und mir meine Freude, die ja nie vorhanden war in meinem Leben, nimmst?! Ach, wahrscheinlich existierst du gar nicht, Scheißkerl. Du bist wahrscheinlich nur so eine Fantasiefigur von so einer verschwitzten, schizophrenen, kleinen Made, die dich nur erfunden hat, um die Menschen in den Bann zu ziehen und Glaubenskriege zu führen! Um unschuldige Menschen zu töten, nur weil sie den angeblich schlechteren imaginären Freund haben! Ein Mörder, ein Mörder bist du!!"

Tom konnte seinen Ohren kaum trauen. Damian, der sonst ganz still und introvertiert war, ließ all seine Emotionen raus. Es war wie ein Vulkan, der seit hunderten von Jahren geruht hatte und dann endlich ausbrach.

Er nahm Damian in den Arm.

„Hey…Hey, Alter. Hey…ich bin immer für dich da. Meine Türe steht immer offen für dich, das weißt du hoffentlich. Ich weiß genau, wie sich das anfühlt, so alleine zu sein. Meine Kindheit war auch nicht besser. Ja ich hatte einen Vater, ja auch eine Mutter. Das heißt aber nicht, dass das Leben toll ist. Jaja, die tolle Gabe, einen Vater zu haben. Das ist Bullshit. Weißt du was meine Gabe war? Mein täglich Brot? Da sehe ich immer diese eine ganz bestimmte Szene vor meinen Augen. Wir wohnten noch weit weg von hier, ich war auch noch viel kleiner. Ich kam mittags von der Schule nach Hause, meine Mutter stand am Herd und kochte etwas zum Essen. Mein Vater saß im Wohnzimmer und schaute Sport, meistens im Vollrausch. Ich ging also in die Küche, da sah ich plötzlich das Gesicht meiner Mutter, sie war ganz entstellt. Ein blaues Auge da, unheimlich viele Kratzer da, sah fürchterlich aus. Ich fragte sie, was denn passiert sei. Sie zögerte, als ob sie sich nichts zu sagen traute. Da schrie mein Vater vom Wohnzimmer aus, er fragte was denn los sei, ob es denn ein Problem gäbe. Er stand auf und leistete uns Gesellschaft. Er starrte mir tief in die Augen und sagte mit seiner rauen, tiefen Stimme, ich solle gefälligst mein Maul halten, denn es ginge mich ja nichts an, was er mit meiner Mutter anstellte. Meine Mutter machte nur einen kurzen Mucks, da drehte er sich um, nahm ein Schneidbrett und zog es ihr mit voller Wucht über die Rübe, ohne mit der Wimper zu zucken. Ich schrie „Mami!“. Das war mein Fehler. Er ließ alles Weitere an mir aus, er schlug mich grün und blau, ich konnte gar nichts dagegen machen, seine Arme waren einfach zu stark. Doch das war keine einmalige Aktion, das geschah fast jeden Tag. Wenn wir mal einen Tag lang frei hatten von der Quälerei, dann nur, weil er in seinem Rausch eingeschlafen ist. Wenn man in seinem eigenen Elternhaus geschlagen wird, lernt man selbst zu schlagen, sei froh, dass dir das erspart blieb. Na jedenfalls ging der ganze Zauber bis ich eines Tages aufwachte und meine Mutter sah. Sie stand in meinem Zimmer und packte meine Sachen in einen Koffer, gemeinsam mit ihren. Ich fragte sie, was denn jetzt geschah. Sie sagte, wir würden an einen tollen Ort hinfahren, wo wir frei sind. Ich wollte gar nicht länger nachfragen, sie packte mich einfach an der Hand, setzte mich ins Auto und fuhr los. Sie fuhr einfach, unglaublich weit, doch sie musste zu dem Zeitpunkt schon einen Plan gehabt haben, denn als wir endlich angekommen waren, erblickte ich ein wunderschönes Haus, ich hatte so etwas vorher kaum gesehen. Wir konnten gleich einziehen, sie musstc es also schon gekauft haben, oder weiß der Kuckuck wie das möglich war. Jedenfalls waren wir dort angekommen, wo wir jetzt, in diesem Augenblick, sitzen. The Castle of Freedom. Falls du dich jetzt noch fragst, wo meine Mutter denn geblieben ist, ich weiß es ehrlich gesagt selber nicht. Sie ist immer lange weg, sehr lange, ich weiß nicht, ob sie einen Job hat, oder einfach ihren Freiraum braucht, ob sie einen neuen Stecher hat, ich weiß es nicht. Aber ehrlich gesagt ist mir das scheißegal, denn ich bin hier, mit dir, und wir sind frei. Das ist es doch was zählt, nicht wahr?"

„Du hast Recht, ich bin völlig deiner Meinung. Ich denke auch, dass wir in der Hinsicht, die wir eben besprochen haben, genug Scheiße erlebt hatte und ich wäre dafür, dass wir das einfach so lassen wie es ist, und uns einfach eine tolle Zeit machen, einverstanden?"

„Na klar! Ach ja, du musst nicht die ganze Zeit hier bleiben, wann willst du denn wieder nach Hause? Du musst es nur sagen, ich bin dir nicht böse!"

Ich denke, ich werde dann mal zuhause vorbei schauen, mal nachsehen, ob alles in Ordnung ist, dann können wir weiter planen, ich rufe dich später an, okay?"

„Ja, geht klar, bis später dann!"

So ging Damian nach einer langen Zeit auswärts zu seinem Haus. Noch immer stand kein Auto in der Einfahrt, alles andere hätte ihn auch gewundert.

Innen sah das Haus sehr leer aus, leerer als Damian es in Erinnerung hatte. Ein paar Bilder wurden entfernt, einige Sachen waren entwendet worden, andere waren noch da. Als hätte jemand ohne ein bestimmtes Auswahlverfahren Sachen mitgenommen, die ihm als toll erschienen. Dazu kam noch die Unordnung die herrschte, als hätte eine Bombe eingeschlagen.

Welches Arschloch ist in mein Haus eingebrochen? Der muss ja ordentlich dumm sein, aber das sind sie doch alle, die Einbrecher.

In diesem Moment erblickte er ein Blatt Papier auf dem Küchentisch.

Süß! Hat dieses Arschloch mir jetzt auch noch einen Brief geschrieben?

Er nahm ihn in die Hand und fing an zu lesen, die Schrift stammte ganz und klar nicht von einem Kalligraphen, die Person schrieb wahnsinnig undeutlich, Damian versuchte jedoch sein Bestes, um es zu entziffern:

Hallo Damian!

Falls du diesen Brief hier liest, bin ich schon längst weg, weit, weit weg. Ich weiß nicht wo du warst, oder wo du jetzt bist, jedenfalls konnte ich dich hier nicht antreffen, hier in deiner „Heimat". Du fragst dich bestimmt, warum ich dir jetzt einen Brief schreibe. Ich habe meine Kreditkartenabrechnung erhalten. Ich weiß, dass du mir meine Karte gestohlen hast, ich sehe auch schwarz auf weiß, dass mein gesamtes Konto leergeräumt ist.

Ich erwarte keine Entschuldigung, ich erwarte nicht, dass du das irgendwie wieder gut machst. Ich habe die Hoffnung, die ich in dir noch hatte, gänzlich aufgegeben. Wenn ich bald wieder zurückkomme, will ich, dass du deine Sachen gepackt hast und von hier verschwunden bist. Ja, ich will, dass du von hier ausziehst, und dich hier nicht mehr blicken lässt. Du hast genug Leid in mein Leben gebracht.

~~In Liebe~~, deine Mutter

Er wusste nicht ganz, was er nun fühlen soll. Alle Emotionen schossen ihm kreuz und quer durch den Kopf, er wusste nicht, auf welche davon er sich zuerst konzentrieren soll.

Ohne auch nur ein Wort zu sagen ging er in sein Zimmer, nahm seinen Koffer, legte seine wichtigsten Sachen hinein, machte ihn zu und stellte ihn vor die Haustür. Er nahm den Zettel mit nach draußen. Als er die Haustüre verschlossen hatte, nahm er den Brief seiner Mutter, warf seinen Blick noch wenige Sekunden darauf und zündete ihn daraufhin an.

Mit schwerem Gepäck machte er sich zurück auf den Weg zu Toms Haus. Er rief ihn vorher nicht an. Auf dem Weg dahin spielten sich einige Szenen, die er in seiner Kindheit erlebt hatte, ab. Alles, alles was er erlebt hatte, war im Grunde genommen negativ. Seine Mutter in einem positiven, erfreulichen Kontext zu sehen war für ihn unmöglich. Man könnte sagen, seine Mutter war für ihn in diesem Moment gestorben. Von diesem Zeitpunkt an war er auf sich alleine gestellt.

Als er endlich bei Tom ankam, klingelte er an seiner Tür. Er öffnete die Tür.

„Was hast du denn alles mit?“

„Ich brauche deine Hilfe.“

4
DER SCHNEE, AUF DEM SIE ALLE TALWÄRTS FAHREN

„Was ist passiert?"

„Meine Mutter hat mich aus dem Haus geworfen. Frag jetzt einfach nicht wieso oder warum. Ich will nicht über dieses Thema reden. Kann ich einfach bei dir wohnen solange ich keine Alternative habe?"

„Ja, na klar, komm rein, ich hab hier noch genug Platz. Pack einfach aus und mach es dir gemütlich. Mi casa es su casa!"

„Was heißt das?"

„Mein Haus ist dein Haus, fühl dich also ganz wie zu Hause, mein Freund. Falls du reden willst, sprich einfach!"

„Klar, mach ich, danke. Haben wir heute noch was vor?"

„Wir? Ist herrlich zu hören! Habe ich dir vergessen zu sagen, es kommen ein paar Freunde vorbei, wir feiern ein wenig, ich würde mich freuen, wenn du auch dabei wärst!“

„Ähm..ja okay. Wann kommen die?“

„So gegen acht Uhr.“

Also warteten die beiden ab, reden konnten sie ja gut untereinander, dass sic miteinander klar kamen, muss man hier nicht mehr extra erwähnen.

Als die Uhr endlich zur späten Stunde schlug, trafen die ersten Gäste ein. Damian war unsicher, er kannte niemanden, die einzig vertraute Person in diesem Raum war Tom. Sie machten einen ganz netten Eindruck, doch Damian war ganz ungewollt dazu verpflichtet, seine schüchterne Ader zum Vorschein zu bringen.

Einer der Jungs fragte Tom:

„Yo, Man, wer is'n eigentlich der Typ da? Hab ihn noch nie gesehen, ist das dein Kumpel oder so?“

„Entschuldige, wo bleiben meine Manieren? Also, ich darf euch vorstellen: Damian. Er wohnt hier bei mir, seit kurzem, und ja er ist mein Kumpel, total in Ordnung, könnt ihr mir glauben. Und dass du, Damian, auch mal einen kleinen Überblick bekommst…“

Er zeigte der Reihe nach auf jeden der Gäste.

„das hier ist Lex, das ist Colorado, der hier heißt Haze, und der hier Meister Proper, oder einfach Prop.“

„Hey! Aber warum, wenn ich fragen darf, Meister Proper? Ich meine die anderen Namen hören sich irgendwie wie normale Nicknamen an, doch deiner verwirrt mich gerade ein wenig!“

„Also erst mal hey. Warum ich Meister Proper heiße? Naja…haha…lass es mich so formulieren, ich bin eben der Mann mit dem rein-weißen Zeug, der alle Nasen schneeweiß macht, wenn du weißt, was ich meine."

„Weißes Zeug?"

„Haha, yo, Crack, will der mich verarschen?"

Damian war verwirrt, er hatte in der Runde keinen einzigen Typen namens „Crack" gesehen. Tom antwortete jedoch sofort auf die Frage:

„Ach, weißt du, Prop, Damian ist neu auf dem Gebiet, er hatte noch nie wirklich mit so etwas zu tun, aber das bringen wir ihm auch noch bei, hab ich recht?"

Der „Meister" fing an zu lachen.

Prop war, um es politisch korrekt auszudrücken, mollig, nicht krankhaft fett, hatte aber merklich hier und da die ein oder anderen zehn Kilogramm zu viel auf den Hüften. Seine Haare waren stoppelig, also sehr kurz. Er war kein Typ, mit dem man sich auf dem ersten Blick anlegen will, was ja als Geschäftsmann keine Schattenseite darstellt, denn gutes Business läuft über eine Respektebene.

Prop fing an in seinem Rucksack, der schon sehr mitgenommen aussah, zu stöbern. Nach kurzem Gewühle, welches ein wenig ungeschickt aussah, zog er 2 große Plastiksäckchen hervor, die bis ganz oben angefüllt war, prall wie ein Kugelfisch, wenn er aufgeblasen ist.

Diese zwei Säckchen, auch „Baggies" genannt, legte er kurz auf den Tisch, um etwas aus seiner Tasche hervor holen zu können. Es war ein Springmesser, kein normales, ein ganz persönlich. Der Schaft war aus Metall, wunderschön verziert. Als einen kleinen Hebel auf dem

Griff nach oben drückte, fuhr die Klinge aus. Auf ihr stand, in einem schönen Schriftzug, geschrieben „The One and Only Proper". Die Zweideutigkeit war hier nicht außer Acht zu lassen, denn der Schriftzug steht im Englischen ebenso für „Der einzig Korrekte" So ein Messer kostete bestimmt extrem viel, wie es Sonderanfertigungen so an sich haben, doch diese Investition lohnte sich. Damian war begeistert, er hatte so etwas noch nie vorher in seinem Leben gesehen.

Prop schnitt eines der Säckchen auf.

„Bist du Bäcker?", fragte Damian verlegen.

„Warum sollte ich Bäcker sein?"

„Naja kein normaler Mensch trägt so viel Mehl mit sich herum, oder?"

„Also entweder du bist dümmer als du aussiehst oder du willst mich verarschen, sehr lustig."

Tom sagte daraufhin zu Damian: „Hey, Damian, das, mein Freund, ist kein Backpulver, Mehl, oder sonst etwas. Das ist Powder, des Teufels weißer Schnee, Kokain. Das verwendet man normalerweise nicht, um einen Kuchen oder sonst was zu backen. Hab ich extra für dich bestellt bei Meister Proper, als kleines Einzugsgeschenk, zur Feier des Tages, du weißt schon.

„Ah, von dem hab ich schon einmal gehört, ich glaube da gab es mal so einen Bericht im Fernsehen, aber ist das Zeug nicht gefährlich? Da wird man doch so schnell süchtig!"

„Man, sieh dich an, du lutscht den mächtigen Schwanz namens Medien bis zur Besinnungslosigkeit, und schluckst alles runter was du bekommst, wie es sich für eine brave

Hure gehört. Jedoch muss ich dir sagen, dass alles, was sie dir in die Fresse stopfen, die beschissenen Medien, gequirlter Blödsinn ist. Hör auf alles zu glauben, gönn dir 'ne Nase und halt die Klappe."

„Aber wie macht man das, eine Nase…weiß ich wie das heißt? Was muss ich da tun?"

„Man nennt das eine Line ziehen. Das kommt von der Konsumform. Man bildet kleine Linien aus dem Stoff, die man sich dann in die Nase zieht, vorzugsweise mit einem Geldschein, gibt ein gutes Gefühl. Ich zeig's dir einfach vor. Hier hab ich einen Zehner, den ich zu einem kleinen Röhrchen zusammen gedreht habe. Du ziehst mit diesem Zehner eine Line pro Nasenloch in deine kleine, liebliche Nase. Und dann? Lehnst du dich zurück und genießt es! In der Praxis sieht es dann so aus."

Tom zeigte es kunstvoll vor, während Damian gespannt zusah. Linkes Nasenloch, rechtes Nasenloch, und zugleich waren die psychischen Leidenslöcher gestopft. Damian gefiel der Anblick jedenfalls. Tom forderte ihn daraufhin auf, auf mal eine Kostprobe zu nehmen. Anfangs zögerte er. Es war ja immerhin sein erstes Mal, dass er mit solch einer Substanz Kontakt hatte. Er hatte Angst. Er nahm aber trotzdem den Geldschein aus Toms Hand, atmete tief durch und setzte zum Schnupfen an. Aus der kleinen Kostprobe wurde jedoch ein Festessen, er zog, für einen Anfänger, ungewohnt viel, da waren sogar die Ehrengäste überrascht.

Als er meinte, genug zu haben, lehnte er sich zurück.

Langsam wurde er taub, die Wahrnehmung wurde immer stumpfer, es öffnete sich eine neue, heile Welt vor seinen Augen. So etwas hatte er zuvor noch nie gefühlt. So anders, so weltfremd, doch so vertraut. Der Schalter war gefallen, Leben aus, Phantasie an.

Er war dem Teufel in seine rauen Hände gefallen, und

dieser lässt einen bekanntlich so schnell nicht mehr los.

Damian war beeindruckt, was er alles mit seinem Gehirn anstellen konnte, nur durch eine weiße Substanz, nasal konsumiert. Er war vom ersten Moment an ein Fan und er glaubte ab diesem Zeitpunkt, sein Ding gefunden zu haben. Es war genau seine Sache, die Welt auszublenden, und sich seine eigene zu erschaffen, frei von Autorität, Ablehnung und Unterdrückung. Er konnte flüchten, endlich hatte er einen Ausweg direkt vor Augen.

Er wollte nie mehr weg, er wollte nie mehr aus seiner heilen Welt ausbrechen. Es war für ihn wie das warme, kuschelige Bett, von welchem man um sechs Uhr morgens von einer grausamen Erfindung mit dem Namen Wecker auf schreckliche Weise getrennt wird. Man wünscht sich den ganzen restlichen Tag, wieder schlafen gehen zu dürfen.

Er hatte, sozusagen, die Nase gestrichen voll.

Es ging keinem in der Runde zu diesem Zeitpunkt anders.

Am nächsten Morgen, nach einer heiteren Nacht, war keiner mehr da, alle waren weg. Nur Tom, alias „Crack“, Damian und genug Kokain für die nächsten Wochen waren noch im Raum. Tom schlief noch wie ein Engel während Damian schon wieder putzmunter war.

Mann, war das vielleicht eine Nacht. Da könnt‘ ich mich glatt daran gewöhnen. Aber damit Tom glücklich ist, wenn er aufwacht, setz ich mal ein paar Tassen Kaffee auf, wird ihm bestimmt gefallen.

Während er in der Küche beschäftigt war, hörte er, dass Tom eine Nachricht auf seinem Handy erhalten hatte.

„Lasst…mich…in….Ruhe“, nuschelte Tom und schlief gleich darauf wieder fest.

Damian aber wurde neugierig und ging von der Küche wieder ins Wohnzimmer. Er nahm Toms Handy und las die Nachricht.

12:34 Absender: Unbekannt

Yo, Crack, hab mein Messer verloren, ich weiß nicht mehr wo oder wie, wenn du es bei dir findest, sag mir sofort Bescheid. Vergiss nicht auf meine Kohle!

Peace, M.P.

Damian löschte die Nachricht umgehend. Er wollte um jeden Preis verhindern, dass Tom sie liest. Danach legte er das Handy langsam wieder zurück an seinen Platz, um Tom nicht zu wecken, doch der süße Kaffeeduft lockte ihn dann doch aus dem Tiefschlaf.

„Was…machst du da mit meinem Handy?“

„Ach nichts, hab nur auf die Uhr gesehen, Zeit zum Aufstehen, du Faulsack! Ich habe Kaffee gemacht!“

„Das rieche ich, was denkst du denn? Aber eigentlich will ich gar keine Kaffee. Gib mir mein Baggy. Wenn du mir einen Gefallen tun möchtest mach mir eine Line, ich geh mich inzwischen frisch machen.“

„Mach ich.“

Das tat Damian dann auch. Damit kam er aber wieder in Versuchung, war immerhin schön am gestrigen Abend, und schöne Gefühle will man bekanntlich öfter erleben, dazu sind sie da.

Den Kaffee, den er bereits fertig gekocht hatte, teilte er diesen auf zwei Tassen auf und stellte sie auf den Tisch.

Da packte ihn endgültig die Lust. Er nahm das bereits geöffnete Baggy, welches noch von dem Abend zuvor auf dem Tisch lag, ganz unbeaufsichtigt und alleine, und streute ein wenig davon auf den Tisch. Aus diesem Häufchen bildete er geschickt zwei Linien, langsam bekam er den Dreh raus. Eine war für ihn, die andere für Tom, wie er es bestellt hatte.

Da Damian aber hungrig darauf war, endlich wieder glücklich zu sein, zog er sich seinen Teil der Ware auf der Stelle rein. Ach, wie toll war das Gefühl wieder einmal. Zum Genießen.

Tom war kurz darauf auch schon fertig im Badezimmer und setzte sich zu seinem Freund und gönnte sich wortlos seine Guten-Morgen-Nase, da er gleich bemerkte, dass Damian ihm schon zwei Schritte zuvor gekommen war. Er wollte ihm einfach nachlaufen, auf dieselbe Ebene springen.

Gesprochen haben sie ja immer gerne, die beiden Koksschlümpfe, jedoch nahm in solchen Situationen die Konversationsqualität nach und nach ab, für Leute, die nicht Nüchtern waren, führte dies zu einer immensen Belustigung.

„Hey, weißt du was cool ist?“, fragte Damian.

„Nein, was denn?“

„Toiletten. Das sind wahre Freunde, sie ertragen all deinen Scheiß, stecken alles ein, und sind trotzdem immer für dich da, wenn du sie brauchst.“

Tom fand das genial, daraufhin lachte er eine knappe

Minute durch.

„Du bist total fertig mit deinen Nerven oder?", antwortete er darauf, stetig mit einem kleinen Lachanfall unterbrochen.

„Was glaubst du denn, ich hab die Nase gestrichen voll"

Beide konnten sich kaum mehr retten.

„Du bist ein verdammtes Genie, Alter."

„Ich weiß, verdammt, ich sollte etwas erfinden, gleich heute. Irgendwas, das die Menschen begeistert, etwas, was sie vom Hocker haut. Lustige Redewendung übrigens, wie ich finde.

Wenn ich gleich bei meiner restlichen Wochenplanung bin, werde ich morgen die Welt retten. Alle werden mich lieben. Wäre doch toll, wenn mich endlich jemand lieben würde, nicht wahr?"

„Ich liebe dich."

„Ach, das weiß ich doch!" Damian lachte. „Ich werde die Weltherrschaft erlangen, denn alle werden mich an der Spitze sehen wollen! Aber ich glaube mich erinnern zu können, dass es morgen regnen wird. Ach, das kann ich nächste Woche auch noch erledigen. Die Welt wird mir ja nicht einfach davon laufen, oder?"

„Haha, verdammt, du solltest echt die Welt regieren, deine Sprüche bringen es einfach!"

„ Ich sage einfach, was ich mir denke, brillant, nicht wahr? Sollte ich vielleicht öfters machen.

Hey, sieh mal, mein Kaffee steht noch da, der wird

noch kalt!“

Der Kaffee brachte auch keine erkennbare Besserung mehr.

Dieser Tagesablauf beschränkte sich dann nicht nur auf diesen Tag, es wurde sozusagen zur Norm, zum Start in den Tag ein Näschen. Ganz nach dem Motto: Schnee am Morgen vertreibt alle Sorgen.

5
FORTUNAE CEDERE

„Wer waren die Typen gestern eigentlich? Ich meine, waren das deine Kumpels, oder was?“

„Die Typen? Nein, eigentlich nicht, die sind nicht mit mir befreundet. Also, sie bringen mir mein Koks, oder das, was ich eben gerade brauche.“

„Warum hängst du dann mit ihnen rum?“

„Okay du hast noch wenig Ahnung auf dem Gebiet. Du solltest, wenn möglich, eine gute Beziehung zu deinem Dealer aufbauen, sonst bringt er dir gestrecktes Zeug, also unreines, verschmutztes, und das ist dann gefährlich. Aber bei dem Zeug brauchst du dir keine Sorgen machen, alles okay, alles cool.“

Er erinnerte sich an die SMS, die er von Toms Handy gelöscht hatte.

„Ist das Zeug nicht extrem teuer?“

„Was ist schon extrem teuer? Das Leben ist teuer,

Huren sind teuer, alles ist teuer, scheiß drauf."

„Aber du bist, beziehungsweise warst Schüler, wie kannst du dir so viel Zeug denn überhaupt leisten? Mit den paar Mücken, die du hast?"

„Mach dir darüber mal keine Gedanken, ich pack das schon."

Trotzdem konnte sich Damian nicht vorstellen, dass Tom alle anfallenden Kosten decken konnte. Er hatte eben nur die paar Scheine, die seine Mutter ihm überließ. Er kannte sich natürlich kein bisschen aus, wie es in diesem Geschäft so abläuft, dennoch wusste er, dass man nicht gerade zimperlich ist, wenn ein Konsument auf der Schuldenliste steht.

„Du musst mir einen Gefallen tun. Komm mit mir in den Park, bitte."

„Um was geht's?"

„Sag' ich dir später. Du musst mir nur dein Wort geben, dass du mitspielst."

Will er jemanden überfallen? Was will er denn jetzt? Ich weiß nicht so ganz, ob das denn so gut ist, was Tom vor hat.

„Ja, klar. Gehen wir."

Tom trug ein kleines, braunes Säckchen in seiner Hand.

Ich frage mich, was da drin ist. Will er etwa mit mir Picknicken gehen? Haha, ich denke nicht. Aber was soll denn in so einem hässlichen Säckchen drin sein, was irgendwie von Bedeutung sein könnte?

Im Unklaren, was Tom denn nun für Pläne geschmiedet hatte, ging er auf gut Glück einfach mit. Irgendwie misstraute er ihm ein wenig. Er sprach kein Wort auf dem Weg. Es war nichts Gutes im Gange, das hatte Damian im Urin.

Tom war zwar sein bester, auch einziger, Freund, doch sicher konnte er sich trotzdem nicht sein.

„Da vorne ist der Park, du kennst ihn ja wahrscheinlich, oder?“

„Naja, ich war erst wenige Male dort, aber im Großen und Ganzen, ja.“

„Gut. Siehst du die Bank da drüben?“

„Die neben dem großen Baum dort?“

„Ja, genau die meine ich. Ich habe hier, wie dir vielleicht schon aufgefallen ist, ein braunes Papiersäckchen in meiner Hand. Du gehst jetzt mit diesem Säckchen dort hin und setzt dich. Nach einer Weile kommt ein Typ, er wird sich neben dich setzen und den Satz „Ach, diese schöne Natur“ vor sich hinmurmeln. Du gibst ihm dein Säckchen und nimmst seines. Und du wirfst auf gar keinen, aber wirklich auf gar keinen Fall in eines der Säckchen auch nur einen kurzen Blick, verstanden?“

„Mehr oder weniger, aber ja, ich weiß, was du meinst.“

„Sehr gut, ich warte inzwischen zu Hause. Wir sehen uns dort!“

So setzte sich Damian auf die mysteriöse Bank und sah sich um. Er wusste nicht wie ihm geschah, wie dieser Typ aussah, was er wollte oder weswegen er kommen sollte.

Und was es mit diesem hässlichen Säckchen auf sich hatte konnte er sich ebenso wenig denken.

Leute gingen vorbei, die Sonne sank immer tiefer, die Zeit verrannte.

Nach gut einer dreiviertel Stunde Wartezeit setzte sich ein Mann zu ihm. Dieser Herr trug einen beigen Anzug, ein weißes Hemd und eine Sonnenbrille.

„Ach, diese schöne Natur“, murmelte er in Begleitung eines Seufzers.

Damian stellte das Säckchen neben den Mann. Nach ein paar Sekunden tat der Mann das gleiche, nahm Damians Exemplar, stand auf und ging wortlos davon.

Was war das eben? Um was ging es gerade? Ich würde gerne wissen was da drin ist. Aber ich darf ja nicht reinschauen. Ach, der merkt das sowieso nicht, ein kleiner Blick kann doch nicht schaden.

Er öffnete es langsam. Er sah Geld. Extrem viel Geld.

Ach…du…scheiße. Wie viel ist das bitte?

Er zählte das Geld so unaufmerksam, dass keiner etwas mitbekommen konnte. In diesem kleinen, ausgefransten Säckchen befanden sich ganze 1200 Euro.

Was in aller Welt passt in ein Säckchen und kostet 1200 Euro? Und warum bin ich da involviert? Ich könnte mir ja von der Kohle ein bisschen was abzweigen, wird der Tom schon nicht mitbekommen.

Damian nahm sich 600 Euro raus. Sehr riskant, denn er wusste nicht, um was es ging, ob Tom wusste, wie viel er bekommen sollte, ob er zu viel abgezogen hatte und was am wichtigsten war, ob ihm Tom auf die Schliche kommen würde.

Als er bei Toms Haus ankam klopfte er leise an der Tür.

„Na endlich, hat ja eine Ewigkeit gedauert, warst du noch kacken oder was?“

„Nein, der Typ kam erst so spät.“

„Und, was ist in dem Säckchen drin?“

„Ich weiß es nicht, du hast gesagt, ich darf nicht nachsehen.“

„Braver Junge, folgst dem Papa doch. Gib mir das Teil.“

„Jetzt kannst du mir ja verraten, was da drin ist, oder“

Tom öffnete das Säckchen und zählte das Geld.

„Was soll der Scheiß? 600 Euro? Da sollte das Doppelte drin sein! Weißt du etwas davon? Sei jetzt ehrlich!“

„Ich weiß noch nicht einmal um was es hier geht! Wie soll ich da denn etwas rausgenommen haben?“

„Du hast dem Typen Kokain verkauft.“

Oh mein Gott, ich bin jetzt offiziell ein Drogendealer, ein Verbrecher, was soll das? Ich wusste ja nicht einmal…

„Ich kaufe es um 80 Euro pro Gramm, und verkaufe es um 120, weil es super reines Zeug ist, zumindest glaube ich das. Da waren 10 Gramm drin, sollten also 1200 Euro ausmachen. Der Scheißkerl hat mich beschissen, ich bring ihn um, ich bring ihn um!“

Er rannte durch das Haus und zerbrach aus Wut einige Vasen, die so im Weg standen.

„Ich bin am Arsch, Mann!“

„Wieso? Was ist los?“

„Naja ich brauch einfach Geld, wieso ist jetzt auch egal, ich brauche es einfach. Wer braucht denn kein verdammtes Geld? Geld regiert die Welt!“

Tom hörte gar nicht mehr auf zu schreien.

„Ich habe noch genug da, um uns über den Abend zu bringen, das brauche ich jetzt, so ein Näschen zum Herunterfahren, also setz‘ dich zu mir und halt die Klappe.“

Ich hab‘ doch gar nichts gesagt…

Tom drehte den Fernseher auf und setzte sich auf die Couch.

„Ach jetzt hab‘ ich mein Koks vergessen, warte einen Augenblick!“

Er rannte in die Küche, als hätte ihn eine Biene gestochen und holte sein Baggy.

„Ach, mein Schatz, ich hab‘ dich ja schon so vermisst!“, sagte er und öffnete Beutel, der halb vollgefüllt war und machte sich eine schöne Line. Ebenso bereitete er eine für Damian vor.“

„Auf die Plätze, fertig, los!“, schrie Tom und zog sich seinen Stoff voller Begeisterung und Ehrgeiz rein.

„Boah…oh…woah…haut dich um das Zeug, komm schon, du Schnecke!“

Das ließ sich der unschuldige Damian nicht zwei Mal sagen und zog zugleich mit ins Land der Trips.

Ach, war das herrlich, eine Feierabend-Nase zum Abschalten, so sah Damian das zumindest in diesem Moment. Ein harter Tag erfordert eine entsprechende Belohnung.

So saßen die beiden Koksschlümpfe also da, wie immer, wenn sie breit waren, sagten relativ wenig, und wenn, dann nur wirres Zeug, also nichts Neues. Die Stunden vergingen, so schnell konnten die Burschen gar nicht schauen. Eine Auffrischungs-Nase nach der Anderen, das Zeitgefühl ging völlig verloren. Die Nacht war angebrochen. Es war stockdunkel draußen.

Plötzlich klopfte es an der Tür. Die Jungs waren beide nicht gerade in der Stimmung, die Tür zu öffnen, schon gar nicht ohne zu wissen, wer denn vorhat, das werte Vergnügen zu stören.

„Hey!...HEY!....Tom du Ratte! Mach verdammt nochmal die scheiß Tür auf!“ sagte die Person auf der anderen Seite der Tür in einem nicht ganz so freundlichen Ton, die Tür brach er fast ein.

Man hatte das Gefühl, eine Bestie, die monatelang hungern musste, war aufgebrochen und auf der Suche, etwas zu zerfleischen.

„Scheiße Mann, das ist mein Dealer, du kennst ihn ja“, flüsterte Tom ängstlich,

„Du meinst diesen Meister Proper?"

„Ja, man! Ich schulde ihm 'ne ganz schöne Stange Kohle, und ich glaub das gefällt ihm nicht".

Damian musste wieder an die SMS denken, die er auf Toms Handy gelesen hatte, die Tom aber nie zu Gesicht bekam.

Scheiße…scheiße…scheiße. Ich hab ihm verschwiegen, dass Proper sein Geld besorgen soll. Scheiße, ich bin am Arsch! Wir sind beide am Arsch!

Kaum später fiel der werte Herr Proper auch schon mit der Tür ins Haus, um es schön zu formulieren. Wobei hier nicht die Rede von einem Revival des Falco Songs „Mutter, der Mann mit dem Koks ist da" war, es ging hier um Leben und Tod, das wussten die Jungs sofort.

In seiner rechten Hand hielt der Meister eine Pistole, ganz ohne Luftdruck und Platzpatronen, dafür mit umso mehr 9mm Patronen, die einem den Kopf heftiger spalten als jeder Stoff der Welt.

„Hey, Prop, Alter, wie geht's denn so?", sagte Tom eingeschüchtert.

„Hör auf mich zu verarschen! Wo ist meine Kohle??!"

„Ähm, ja…die Kohle…weißt du, es war eine harte Woche, ich bin zurzeit nicht wirklich flüssig, aber du verstehst das bestimmt, oder?"

„Nein, du Hurensohn, das verstehe ich ganz und gar nicht! Dann gib mir den Stoff!"

„Ach, weißt du…der Stoff…"

Er schoss drei Kugeln in die Decke, um zu zeigen, dass die Situation ganz und gar von ernster Natur war und schrie lauthals:

„Ich puste euch beiden die Birne weg!“

Tom war sichtlich eingeschüchtert und brachte von da an außer wirrem Gestotter nichts über die Lippen.

Damian wusste, er würde diese Geschichte nicht als Lebender überstehen. Er musste jetzt in dem Bruchteil einer Sekunde handeln.

Er griff in seine Hosentasche, der Meister war in diesem Augenblick mehr auf Tom fixiert. Heraus zog er ein Springmesser. Er sprang blitzschnell auf und betätigte den Hebel am Griff des Messers.

Auf der Klinge stand in einem schönen Schriftzug geschrieben:

The One and Only Proper

Damian rannte auf den „einzig Korrekten“ zu. Er war in diesem Moment nicht mehr aufzuhalten. Das Messer stach er ihm in den Hals, genau in die Halsschlagader und zog es wieder heraus.

Der Meister ging langsam zu Boden, er hatte keine Chance. Um seinen Körper bildete sich eine immer größer werdende Blutlache. Das Blut spritzte nur so aus seiner Ader.

Totenstille. Fassungslosigkeit.

„Du...du hast ihn umgebracht alter!!!“, schrie Tom.

Damian blickte zu Boden und konnte es nicht fassen,

er war nicht nur zu einem Drogensüchtigen Drogendealer geworden, jetzt war er auch noch ein Mörder.

In der Nachbarschaft brannten alle Lichter, Leute saßen auf den Fensterbänken und versuchten, das Geschehen beobachten zu können. Einige von Ihnen haben in der Zwischenzeit, die Polizei alarmiert.

Tom packte seine Tasche.

„Wo willst du denn hin?", fragte Damian.

„Du bist ein Mörder! Ich will nichts damit zu tun haben! Ich will nichts mit dir zu tun haben! Nein…nein…so läuft das nicht!"

Nachdem er diesen Satz zu Ende gesprochen hatte, nahm er die gepackte Tasche und rannte davon.

„Aber…ich hab' dich doch nur beschützt…ich brauche dich doch!"

In der Ferne waren schon die Polizeisirenen zu hören.

Damian stand wie angewurzelt da, als ob er gelähmt wäre. Er wusste nicht was er tun sollte, er konnte keinen Finger rühren. So stand er da, blutüberströmt, mit einem Messer in der Hand, über der Leiche des Dealers.
Ehe er die Situation voll und ganz begreifen konnte, stand schon eine ganze Schar von Polizeibeamten vor ihm. „Waffe fallen lassen!", schrien sie. Sie beschlagnahmten das Kokain auf dem Tisch, die Waffe und ließen die Leiche abtransportieren.
Die Handschellen klickten, sie führten Damian ab.

„Du Hundesohn wirst bis an dein Lebensende hinter Gittern schlafen, das verspreche ich dir!"

ÜBER DEN AUTOR

Tobias Dirtl ist ein ehrgeiziger Jung-Autor, Jahrgang 1997, der für sein Leben gerne schreibt und Geschichten in jegliche Richtungen verfasst.
Im Jahre 2013, damals mit jungen 16 Jahren, verfasste er eine erste Rohfassung des Jugendromans „Am Rande".
Er befindet sich noch in der Berufsausbildung und lebt in Niederösterreich.

14721309R00049

Printed in Poland
by Amazon Fulfillment
Poland Sp. z o.o., Wrocław